/ 100 位

为新中国成立作出突出贡献的英雄模范人物/

毛泽民

张宇雷/编著

★

吉林出版集团 | 吉林文史出版社

图书在版编目（CIP）数据

毛泽民 / 张宇雷编著. -- 长春：吉林文史出版社，
2011.4（2024.5重印）
（100位为新中国成立作出突出贡献的英雄模范人物）
ISBN 978-7-5472-0500-6

Ⅰ．①毛… Ⅱ．①张… Ⅲ．①毛泽民（1896～1943）—
生平事迹 Ⅳ．①K827=6

中国版本图书馆CIP数据核字(2011)第049562号

毛泽民

MAOZEMIN

编著/ 张宇雷

选题策划/ 王尔立　责任编辑/ 王尔立

装帧设计/ 韩璘

出版发行/ 吉林文史出版社

地址/ 长春市福祉大路5788号　邮编/ 130118

电话/ 0431-81629363　传真/ 0431-86037589

印刷/ 天津海德伟业印务有限公司

版次/ 2011年12月第1版 2024年5月第8次印刷

开本/ 640mm×920mm　1/16

印张/ 9　字数/ 100千

书号/ ISBN 978-7-5472-0500-6

定价/ 29.80元

《100位为新中国成立作出突出贡献的英雄模范人物》丛书

★★★★★

编 委 会

100位

为新中国成立作出突出贡献的英雄模范人物

八女投江	于化虎	小叶丹	马本斋	马立训	方志敏
毛泽民	毛泽覃	王尔琢	王尽美	王克勤	王若飞
邓萍	邓中夏	邓恩铭	韦拔群	冯平	卢德铭
叶挺	叶成焕	左权	诺尔曼·白求恩		任常伦
关向应	刘老庄连	刘伯坚	刘志丹	刘胡兰	吉鸿昌
向警予	寻淮洲	戎冠秀	朱瑞	江上青	江竹筠
许继慎	阮啸仙	何叔衡	佟麟阁	吴运铎	吴焕先
张太雷	张自忠	张学良	张思德	旷继勋	李白
李林	李大钊	李公朴	李兆麟	李硕勋	杨殷
杨子荣	杨开慧	杨虎城	杨靖宇	杨闇公	萧楚女
苏兆征	邹韬奋	陈延年	陈树湘	陈嘉庚	陈潭秋
冼星海	周文雍、陈铁军夫妇		周逸群	明德英	林祥谦
罗亦农	罗忠毅	罗炳辉	郑律成	恽代英	段德昌
贺英	赵一曼	赵世炎	赵尚志	赵博生	赵登禹
闻一多	埃德加·斯诺	夏明翰	格里戈里·库里申科		
狼牙山五壮士	聂耳	郭俊卿	钱壮飞	黄公略	
彭湃	彭雪枫	董存瑞	董振堂	谢子长	鲁迅
蔡和森	戴安澜	瞿秋白			

前　言

　　每个人的心中都多少有一点英雄情结，都向往英雄、景仰英雄。也正因此，在中华人民共和国建国六十周年之际，由中央十一部委联合组织开展的"100位为新中国成立作出突出贡献的英雄模范人物和100位新中国成立以来感动中国人物"的评选活动中，群众参与投票总数近一亿。这其中的每一张选票，都表达了人们对英雄模范的崇敬之情，寄托着对伟大祖国的美好祝福。

　　一个民族不能没有英雄，否则这个民族就不会强大。当国家危难之时，懦弱者选择了逃避、妥协甚至投降，英雄们却挺身而出，用热血捍卫民族的尊严，人民的幸福。在创立和建设新中国的伟大历程中，涌现出无数可歌可泣的英雄模范人物。他们之中，有为了民族独立和人民解放而英勇牺牲的革命先烈，有为了党和人民的事业而不懈奋斗的优秀共产党员，有在全民族抗战中顽强奋战、为国捐躯的爱国将士，有英勇杀敌的战斗英雄和革命群众，有积极从事进步活动的著名民主爱国人士和国际友人……他们是民族的脊梁、祖国的骄傲，是激励全体人民团结奋斗的精神力量。

　　《100位为新中国成立作出突出贡献的英雄模范人物传记》丛书，就像一部星光璀璨的英雄谱，真实、完整地记录了英雄模范人物不平凡的一生，再现了他们非凡的人格魅力和精神世界。"头颅可断腹可剖"的铁血将军杨靖宇，"毫不利己，专门利人"的白求恩，"抗战军人之魂"张自忠，"砍头不要紧"的夏明翰，"俯首甘为孺子牛"的文化斗士鲁迅……一串串闪光的名字，一个个动人的故事，犹如群星闪烁，光耀中华。

　　如今，战火已熄，硝烟已散，英雄已逝，我们沐浴在和平的幸福之中。在和平年代，人们不会忘记为今日的和平浴血奋战的英雄们，英雄的故事永远不会结束。让我们用英雄的故事唤醒我们心中的激情，为中华民族的伟大复兴而奋斗。

生平简介

毛泽民（1896—1943），男，汉族，湖南湘潭韶山人，中共党员。

毛泽民1921年参加革命，同年底加入中国共产党。1922年底，赴安源从事工人运动，任工人俱乐部经济股股长。1923年8月，当选安源路矿工人消费合作社总经理。1925年2月，随兄毛泽东到湘潭、湘乡开展农民运动，同年9月，进入广州农民运动讲习所学习，同年11月，调任中共中央出版发行部负责人。1931年7月，进入中央革命根据地，任闽粤赣军区经理部部长，同年12月，任中华苏维埃共和国临时中央政府财政委员会委员兼国家银行行长。1933年5月，兼任闽赣省苏维埃政府财政部部长。1934年9月兼任国民经济部对外贸易总局局长，同年10月，随中央红军参加长征，任中央纵队第十五大队政治委员。1935年7月，任中央红军总供给部副部长，同年11月，任中华苏维埃工农民主政府国民经济部部长。1938年2月，受党中央派遣，化名周彬，与邓发、陈潭秋等同志在新疆从事统战工作，先后出任新疆省财政厅副厅长、代厅长。1941年7月，任民政厅代厅长。1942年9月17日，与陈潭秋等共产党员被反动军阀盛世才逮捕。面对敌人的软硬兼施，严刑审讯，坚贞不屈，视死如归，1943年9月27日，被敌人秘密杀害，时年47岁。

1896-1943
[MAOZEMIN]

◀毛泽民

目 录 MULU

■ **长期执掌财政大权，一尘不染（代序）** / 001

■ **走出韶山冲（1896-1921）** / 001

少年毛泽民 / 002
毛泽民从小最佩服哥哥毛泽东的反抗精神。目
睹了哥哥对父亲的抗争一次又一次获得成功，
自幼慈厚老实的他身上也长出"反骨"。

0-14岁

种田、持家的小里手 / 007
进入东山学堂，是毛泽东走出乡关、走向社会的
起点。14岁的毛泽民挑起了种田、持家的重担。
毛家后来能致富，离不开毛泽民吃苦劳作。

14-25岁

舍小家，为大家 / 010
一个是普普通通的韶山农民，一个是心怀天下
苍生、矢志救国救民不惜抛家舍业的共产主义
者，在1921年这个寒冷的冬夜，兄弟二人的心
灵发生了激烈的碰撞。

25岁

■投身工农运动（1921－1925） / 015

铭刻在心的1921年 / 016

25岁

毛泽民的党龄之谜，在莫斯科档案中被解密，包括共产国际给他的鉴定材料，开具的通行证件、批文等，只有一个明确的年份——1921年。

安源路矿的红色股票 / 019

在安源工人运动纪念馆里，收藏着一张安源路矿工人消费合作社的股票，上边印有总经理毛泽民的名字。这张红色股票被定为国家一级文物。

26－29岁

跟随毛泽东回韶山发动农运 / 024

毛泽东和毛泽民在韶山建立了中国农村第一个党支部。他们四下串联，到处"点火"，唤醒了沉睡的韶山冲，点燃了湖南省伟大农民运动之火。

29岁

■出版发行先驱（1925－1931） / 029

十里洋场的"杨老板" / 030

毛泽民步入十里洋场，时而长衫马褂，时而西装革履，频频出入于报馆、书店和发行所，俨然一位出版界的大老板。

29－31岁

战斗在北伐战争的狂飙中 / 034

31岁

北伐战争势如破竹，各种革命书刊像漫天的雪片，如同战斗的号角，鼓舞着北伐军将士和广大民众同北洋军阀展开英勇的搏斗。

两手空空，重建家业 / 039

为蒙蔽敌人，毛泽民想出一条"金蝉脱壳"之计。就这样，协盛印刷所连同他的"杨老板"，神不知鬼不觉地从上海滩消失了。

31-33岁

印刷厂的地下"生意经" / 042

33-35岁

地下印刷厂开在一座两层两底的连体楼里，一边是印刷厂，一边是绸布庄。印好的文件被伪装成绸缎，通过一道活动暗墙，从绸布庄运了出去。

■**红色共和国的"大管家"**（1931-1935） / 047

中华苏维埃国家银行行长 / 048

毛泽民把统一财政作为国家银行的首要任务。毛泽东指挥的漳州战役，不仅缴获了大量的武器，还筹得105万元大洋的军费，为国家银行打下家底。

35岁

为中央苏区统一货币 / 052

36岁

身为央行行长，毛泽民管钱管物，权限很大。但他从来不搞一点特殊，不乱花公家一分钱，即便毛泽东来银行视察工作，有时仅是一杯开水。

创建中华钨矿总公司 / 056

一个二三百万人口的根据地，光靠打土豪过日子怎么行？毛泽民创建中华钨矿公司，出口总值达400多万元，有力地支援了革命战争。

36-38岁

把贸易做到白区去 / 059

中央苏区生产的钨砂，被贴上印有"国防物资"的大封条，由当地民团头子派人护送出境，换回了根据地急需的食盐、布匹、西药、煤油、纸张，还有白花花的银元。

36-38岁

长征路上的"扁担银行" / 063

几万红军天天在行军，没有根据地，天天都要解决吃饭的问题，毛泽民带领第十五大队挑着国家银行的全部家当，支撑着中央红军走过万水千山。

38-39岁

■在苍凉之地书写传奇（1935-1937） / 069

国民经济部部长 / 070

蒋介石妄图聚歼历经千山万水已经人困马乏的只有两万多人的红军。红军要在陕甘地区扎下根来，经济情况更是不容乐观。毛泽民临危受命。

39岁

向"枯竭"的老井要石油 / 074

当石油工人们赶着披红挂彩的毛驴，驮着汽油、煤油和油墨、石蜡、凡士林等石油产品到瓦窑堡向党中央报捷时，毛主席异常兴奋，连声称赞。

39岁

靠山吃山，靠盐吃盐 / 078

40岁

长期从事党的经济工作，毛泽民练就了一双发掘财源的慧眼，既然食盐的资源这样充足，我们就要紧紧抱住这个"聚宝盆"。

奉命转运巨额国际援助 / 083

进入1937年后，毛泽民忙碌的身影在陕甘宁边区突然消失了。原来，一项神秘的使命又落在了他的肩上。

41岁

■主理新疆财政（1938–1942） / 089

摧枯拉朽，力整财政乱局 / 090

42–43岁

毛泽民将要实施的治理新疆财政金融乱局的具体办法，归结起来就是一句话——快刀斩乱麻，新起炉灶！这是一个摧枯拉朽的大手笔！

"财神爷"的三把火 / 094

新疆地理位置独特，货币的种类非常复杂。省票、喀票、清铜板、"大头洋"、天罡、元宝，形成杂乱无序的局面。"财神爷"如何点燃三把火？

42–43岁

赴莫斯科执行特殊使命 / 100

43岁

新疆"八办"成立仅9个月，盛世才与邓发之间即产生巨大的隔阂。毛泽民刚到莫斯科就接到共产国际的紧急指示——汇报新疆问题。

为建设新新疆大展宏图 / 104

毛泽民一回到新疆,便展开建设新新疆的蓝图。
他首先在力所能及的工作区域内大胆尝试社会
主义苏联的先进经验,造福全疆各族人民。

44-46岁

■**血洒天山（1942-1943）** / 111

险象环生,与狼共舞 / 112

盛世才已经彻底剥去伪装,露出其"狼种猪"的
本来面目。毛泽民和在新疆工作的中国共产党
人正在与狼共舞,处在险象环生的境地!

45-46岁

带给毛泽东的肺腑之声 / 115

面对危局,毛泽民带给毛泽东发自肺腑的心声:
"我毛泽民无愧于一名中国共产党党员,无愧
于毛泽东的弟弟,也无愧于毛泽覃的哥哥!"

46岁

铁骨铮铮,视死如归 / 119

毛泽民斩钉截铁地正告敌人:"我们一家人,为
了祖国,为了人民,为了革命,已牺牲了嫂嫂、弟
弟和妹妹,你们逼我脱党是在做梦!"

47岁

当迟滞的噩耗传到延安 / 123

离别家乡32年的毛泽东又回到韶山冲。他久久
端详着镜框里戴着八角帽的毛泽民,心情难平
地对身旁的人说:"这是我的大弟毛泽民,这张
照片很像他。"

■**后记 毛泽东的兄弟、战友** / 127

长期执掌财政大权，一尘不染（代序）

    毛泽民，1896年4月3日生，湖南湘潭韶山人。1921年秋，在毛泽东创办的湖南自修大学半工半读，同时为党筹集管理经费。同年底加入中国共产党。1922年11月，参加组织领导长沙笔业工人进行罢工斗争。

    1922年底，毛泽民赴安源从事工人运动，担任工人俱乐部经济股股长。1923年2月，

    他参与组织成立党领导下的股份制经济实体——安源路矿工人消费合作社。同年8月，当选总经理，在维护工人利益、扩大工人福利的同时，为党的活动积累和筹备经费。

    1925年2月，毛泽民随兄毛泽东到湘潭、湘乡开展农民运动，在韶山建立了第一个农村党支部，9月，进入广州农民运动讲习所学习。同年11月，调任中共中央出版发行部负责人，辗转上海、武汉、天津等地，从事党中央机关刊物《向导》《布尔塞维克》和进步书刊的秘密印刷发行工作。

    1931年7月，毛泽民进入中央革命根据地，任闽粤赣军区经理部部长。1931年12月，任中华苏维埃共和国临时中央政府财政委员会委员兼国家银行行长，在国民党军的严密封锁和军事"围剿"的极其困难条件下，为中央苏区统一货币，统一财政做出重要贡献。其间，他兼任中华钨矿公司总经理，大力发展钨矿生产，开展对外贸易，有力地支持了革命战争及根据地的建设和发展。他和林伯渠在红军大学开办供给训练班，培养财政干部。1933年5月，兼任闽赣省苏维埃政府财政部部长。1934年9月，

兼任国民经济部对外贸易总局局长。

1934年10月，毛泽民作为中华苏维埃共和国国家银行行长随中央红军参加长征，并担任中央纵队第十五大队政委，兼没收征发委员会副主任，负责筹粮、筹款和全军在长征路上的粮草供给工作。1935年7月，任中央红军总供给部副部长。1935年11月，长征到达陕北后，任中华苏维埃工农民主政府国民经济部部长。他率国民经济部突破山西阎锡山军队的封锁，从关中购运布匹和棉花，组织边区群众为红军赶制棉衣，在安定、永坪组织生产煤炭，领导恢复延长油矿采油、炼油生产，在陕甘宁三省边界组织盐业生产和贸易、运输，为红军扎根陕北提供生存和物资保证。1937年4月，他赴上海执行特殊财政任务，支取、兑换、转运国际友人支援中国人民抗日斗争的巨额援助。他长期执掌财政大权，却廉洁奉公，一尘不染。

1938年2月，受党中央派遣，毛泽民化名周彬，与邓发、陈潭秋等同志在新疆从事统战工作。先后出任新疆省财政厅副厅长、代厅长，帮助盛世才政府整顿财政乱局。他采取调整税收、改革币制、平稳物价、发行建设公债、节支开源等一系列有效措施，促进了新疆工农牧业及文教卫生事业的发展。1941年7月，他调任民政厅代厅长，主持制定了《新疆省区、村制组织章程》，实行民主选举，在全疆整顿和扩建了17所救济院，举办了医药医疗训练班，培养出一批少数民族医务人员。

1942年9月17日，毛泽民和陈潭秋等共产党员被反动军阀盛世才逮捕。在狱中，敌人对毛泽民软硬兼施，严刑审讯，逼他招认中国共产党在新疆搞"暴动"的所谓阴谋，逼他脱离共产党，交出共产党的组织。毛泽民坚贞不屈，视死如归，义正词严地回答："决不脱离党，共产党员有他的气节。""我不能放弃共产主义立场！"1943年9月27日，毛泽民与陈潭秋等共产党员被敌人秘密杀害，时年47岁。

走出韶山冲

(1896—1921)

→ 少年毛泽民

★★★★★

（0—14 岁）

在南岳山脉绵延横亘的湘中大地，从衡山向北延伸百余公里，至湘潭、湘乡两县交界处，突然拔起一座突兀的山峰，山上林木葱郁，楠竹青翠。山谷间潺潺流淌的溪水汇合成一条清澈的小河。被奇山秀水环抱着的一块狭长弯曲的谷地，便是湖南省湘潭县的韶山冲。

1896 年 4 月 3 日，毛泽民出生在韶山冲南岸村上屋场，按照毛家族牒，取名泽民，字润莲。他的哥哥毛泽东生于 1893 年 12 月 26 日，比他大三岁。

毛家祖上是贫农。毛氏兄弟的祖父毛恩普是个老实厚道的种田人。他劳碌一生，不仅未能发家致富，反倒欠下了不少债，不得不把祖传的一些田产典给别人，家里只剩下六七亩田。他们的父亲毛顺生从 17 岁（1887 年）开始当家理事。尽管他年复一年地辛勤劳作，家境不但没有改善，欠账反倒越来越多。为了躲债，他不得不狠下心来，离家别妻，外出参

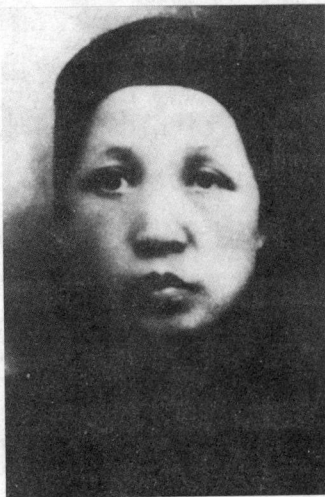

△ 父亲毛顺生　　　　　　△ 母亲文七妹

加了湘军。

1894 年中日甲午战争爆发后，维新运动在湖南蓬勃兴起。地处三湘四水的小小的韶山冲从此不再闭塞。在数百里之外的长江边，已经响起隆隆的机器声。湖广总督张之洞开始修铁路、开矿山、造枪炮。萌生于清康雍时期的官银钱号，这时又在各地掀起高潮。湖南省城长沙设立了总官号，民间乡里也散布着钱庄和票号。

与勤劳厚道的祖辈不同的是，毛顺生念过几年私塾，善于经营家务。他将自己家剩余的稻谷和买进的稻谷碾成米，挑到 20 里以外的银田寺或百里以外的湘潭的米市去卖。这样一来,他不仅赚得加工费，又赚了地域差价。他还做起贩猪和贩卖耕牛的生意。随着手中的资金逐渐增多，毛顺生开始寻找新的赚钱方法。他先在银田寺的

"长庆和"米店入了股，又与"祥顺和"、"彭厚锡堂"等店铺建立了商务往来。为了流通方便，他自己还印制了取号为"毛义顺堂"的纸票作周转。

毛泽东、毛泽民开始懂事时，正是毛顺生从耕作转向贩商的时候。在他看来，只有劳动才能致富，绝不允许任何人待在家里吃闲饭。他雇了一个长工，还让妻子和年幼的孩子们都到田里干活儿。毛泽民四五岁时，就干些割猪草之类的轻活儿，再大一点，就开始放牛了。

湘军贯彻"书生带山农"的方针，在湘军当兵时，毛顺生饱尝过"劳力者治于人"的苦楚。后来，在一次柴山诉讼案中，他明明有理，却因对方引经据典，能言善辩，生生让他输了官司。他下决心让儿子们都读些书，认为只有识文断字，能写会算，才好光大家业。毛泽民8岁那年，便和毛泽东一道在村里的南岸私塾读书了。

当孩子们刚刚学会几个字，毛顺生就让他们给家里记账，学习打算盘。他像一个严格的监工，看不得孩子们闲着。他的脾气很暴躁，经常打孩子。他又是个很吝啬的人，给孩子们吃最粗劣的饭食，不给鸡蛋，也不给肉吃，甚至不给一文零花钱。这些看来不尽人情的做法，无形中却培养了孩子们吃苦耐劳的好品格。

对毛家兄弟影响最大的是他们的母亲文七妹。母亲心地善良，同情穷人，乐善好施。毛泽东曾在给友人的信中写道：世上共有三种人：损人利己的人，利己而不损人的人，可以损己而利人的人。母亲属于第三种人。在善良大方的母亲与吝啬算计的父亲的冲突中，毛家兄弟都坚决站在母亲一边。母亲的美德和言传身教，深深影响着毛家兄弟，成为了他们日后献身劳苦大众解放事业的思想原动力。

1905年9月25日，毛泽民的小弟毛泽覃出生了。为了帮助母亲照顾弟弟，9岁的毛泽民辍学了。直到弟弟3岁后，他才重新回到南岸私塾读书。

1910 年，毛泽东要去湘乡东山高等小学堂读书。东山高等小学堂是戊戌维新以前最早兴办的新式学堂之一，在临近的湘乡、湘潭、浏阳三县颇有名气。在这里读书的几乎全是富家子弟。而家境"长期是贫农阶级"的毛顺生，无力同时供养两个儿子读书。毛泽东去了这所新式学堂，毛泽民又辍学了。

毛泽民从小就是毛泽东小小的"追随者"，他最佩

△ 毛家三兄弟与母亲合影

服哥哥读的书多，懂得的道理也多。对他一生影响最大的还是毛泽东的反抗精神。当目睹了哥哥对父亲的抗争一次又一次获得成功，自幼憨厚老实的毛泽民身上也长出了"反骨"。

有一次，毛泽民没有及时完成父亲交给的事情，父亲罚他跪下。毛泽民跪了，但只跪了一条腿，另一条腿不跪。父亲要他两条腿都跪下，他却理直气壮地说："我有父母双亲，一条是父亲的，一条是母亲的。你要我跪，我只跪父亲的一条，不跪母亲的一条。"

毛泽东离开韶山后，14岁的毛泽民当仁不让地代替了哥哥在家乡的地位。他行侠仗义，好打抱不平，会讲道理，敢于为民出头，还落了个"程咬金"的绰号。当时韶山毛氏家族有"四大宪"——毛宏初、毛明德、毛堂甫、毛吉成，是封建族长、地方势力人物。遇到他们不讲理时，毛泽民就要与他们争论，总能说得他们无话可讲。

毛泽民办事公道，乡亲们都相信他。村里有人买田地，起新屋，都愿意请他给写契约。乡亲们遇到什么难事儿，也愿意来找他帮助解决。就连富人们遇到难以解决的问题，也来找他解围。

有一天，毛泽民跟着父亲和几个乡亲，挑着担子去银田寺卖米。谁知路过水易亭时，被团防局的岗哨拦住了。任凭他们怎么央求，岗哨就是不肯放行。大家没有办法，只好气鼓鼓地蹲在路边发愁。这时，毛泽民"霍"地一下站起来，径直朝团防局的方向走去。他与团总这般那般地"理论"了一番，硬是把团总说服了。哨兵无奈，只得将他们放行。一起来的乡亲们伸出拇指夸奖毛泽民聪明正直、能说敢干，就连父亲毛顺生，也不得不对这个外表老实巴交的二儿子刮目相看。

➡ 种田、持家的小里手

★★★★★
（14—25岁）

进入东山学堂，是毛泽东走出乡关、走向社会的起点。14 岁的毛泽民挑起了种田持家的重担。一个尚未成年的孩子成了家里的壮劳力。平日里，他起早贪黑，与父亲一道下地种田，还经常挑着 100 多斤的担子走好几十里路去送米。他不仅农活儿做得好，喂牛、养鱼、碾米、砍柴、打桐油，都是行家里手。

眼见着泽民从少年起就像成年人一样辛苦劳作，母亲文七妹心里很舍不得。有一次，她与邻居家奶奶聊家常时，就心疼地说："润之、润菊都不在家，润莲一个人，要种田，要喂鱼，要砍柴，里里外外的活儿都是他一个人干，他从小受了不少累，吃了不少苦啊！可他父亲在外面做买卖，就不了解这些事情。"

毛泽民小小年纪就是一个好管家，对家里方方面面的事情心里特别有数。

一次，细心的毛泽民发现自家的鱼塘边散落了几片鱼鳞，知道有人偷了他家的鱼。天黑后，他就约上小伙伴儿，不出声响地蹲在鱼塘边，等着抓偷鱼的人。不一会儿，只见对面人家轻手轻脚地走出一个人影，走近他家的鱼塘。那人先在他家鱼塘里捞起一条大青鱼送回家，渔网却留在鱼塘边。毛泽民没有做声，继续蹲守着。没过一会儿，那人果然又来了，又捞走一条大鱼。这下，毛泽民可憋不住了，大步追了上去。偷鱼的人自知理亏，只好让毛泽民把两条活蹦乱跳的大鱼拿走了。

　　回到家里，毛泽民把刚才发生的事说给母亲听。不想，母亲的脸却阴沉下来。她批评儿子说："以后，你不要管这些事！捞鱼的那家人生活有困难。你这样一闹，怕是他家一夜都不能睡觉了。"毛泽民不好意思地低下了头。

　　还有一次，毛泽民见到有人在他家田里折谷穗。一气之下，他将人家的箩筐和折下的谷子全都没收了。一进家门，他就火冒三丈地告诉母亲。母亲听后，非但不生气，还心平气和地开导他："那家人没有饭吃才来折咱家的谷子，你应该把人家的箩筐和谷子一起送回去。"毛泽民虽然很不服气，还是按照母亲说的做了。

　　母亲的言传身教，让少年毛泽民逐渐学会了做人的道理，为人处事也变得沉着老练起来。有一次，毛泽民请一位帮工来家里打米，这位帮工趁他不在跟前，偷偷用围裙包了一些米藏在鸡窝里。他的这一举动没有躲过毛泽民的眼睛。毛泽民不动声色地把那包米拿了回来。傍晚收工后，帮工悄悄走向鸡窝，在里边一个劲儿地摸着。正当纳闷时，毛泽民已经站在他的身后。帮工无地自容，心想，这一天的工钱肯定"泡汤"了！面对羞惭气馁的帮工，毛泽民没说一句话，不仅付给他当天的工钱，还把那包米送给了他。

△ 结发妻子王淑兰

1913 年，毛泽民与湘乡县团田区刘家湾的女子王淑兰完婚。17 岁的他，便从父亲手中接过种田理家的重担。父亲外出经商，种田持家就全靠这对小夫妻。父亲自私刻薄，毛泽民宽怀大度。每当农忙时上屋场要请月工，只要毛泽民一招呼，谁都愿意来帮工。一是他给帮工吃得好，不仅有肉，还能吃到他家鱼塘里的新鲜鱼；二是他会当天付工钱，从来不拖欠。毛泽民还从父亲那里学会了精打细算的生财之道。他除了自己养猪、养牛外，还买来小猪、小牛让别家喂养。别家可以用畜粪肥田。等猪、牛养大以后，再由毛泽民拿去卖，他付给别家"毛义顺堂"的纸票。别家拿着他家的纸票，可以在附近的商号换些粮油、食盐或日用品。可以说，毛家后来能致富，离不开毛泽民这对小夫妻的吃苦劳作。家境的好转，也开始于毛泽民娶亲以后。

1915 年至 1918 年，由于商业顺利，毛顺生不仅赎回了祖上典出去的全部田产，又买进叔父家 7 亩水田，家里的田产增加到 22 亩。他手中的资本也逐渐滚到两三千元，在小小的韶山冲，可算是个令人羡慕的小财东了。当年分家时，上屋场只有 5 间半茅草房。手中有了富裕钱，毛顺生便想到改善家庭的居住条件。他将老屋的茅草屋顶换上小青瓦，又先后为儿子们建造了居室，还扩出了农具室、碓屋、牛栏、柴房等，一共 13 间半房屋。

➡ 舍小家，为大家

★★★★★

（25 岁）

1921 年正月初八那个晚上，对于南岸村上屋场毛家兄弟来说，是一个极不平常的夜晚。这一天，原本是母亲文七妹的生日。可是，一年多前，母亲因病仙逝，三个多月后，父亲也因患急性伤寒撒手人寰。1920 年整整一年，毛泽东在北京、上海、长沙等地，为在湖南建立共产党和共青团组织忙碌着，父亲病逝时，都未能赶回韶山冲奔丧。

这天，毛泽东带着毛泽覃，与表兄文南松、表弟文东仙一道，回到韶山冲。一年来，上屋场冷冷清清，只有毛泽民和王淑兰两个人。随着大哥、小弟和表兄弟们的突然来到，家里再次热闹起来。毛泽民夫妇把平时舍不得吃的腊肉、腌鱼、肥肠、猪肚等，一股脑儿地都拿出来，做了一桌丰盛的饭菜。

晚饭后，全家人围着火塘，一边烤火，一边聊天。毛泽东先给大家讲起这一年外面发生的事情，说着说着，就把话题转到家里。他说："这几年，我不在家，泽覃也在长沙读书，家里的事只有你们两口子支撑着。泽民这几年照顾父母亲尽了力，又忙着作田，吃了不少苦……"

自从母亲去世后，家里发生了很多事情，毛泽民有许多心里话要讲。既然大哥主动谈起家事，他便一五一十地报起账来。他掰着指头细数着："民国六年，家里修房子，母亲开始生病；民国七年，败兵几次来这里出谷要钱，强盗还来抢过一次；民国八年娘死安葬，年底安葬父亲；还要给泽覃订婚……这样一来，家底也就快搞光了。"

毛泽东十分了解泽民的为人。他忠厚老实，做事认真，人也精明，所不足的就是读书不多，见世面太少，革命道理懂得有限。面对着通红的塘火，毛泽东语重心长地开导说："你讲的都是实情，但这不只是我们一家发生的事情，天下大多数人都有灾难，这叫作国乱民不安生，国破家要亡啊！"

接着，毛泽东开始启发毛泽民："现在，爹娘都死了，屋里只剩下你们两公婆。这些田你们做不了，还要请人帮忙，加上兵荒马乱的，怎么过得下去呀？我的意思是，这个田，我们不做了，这个家，我们也不要了，把屋里收拾一下，我们都走！"

听到这儿，毛泽民实在坐不住了，急火火地问道："我不种田，哪个有饭吃？！"

毛泽东趁热打铁："润莲小时候在屋里搞劳动，没有读好多书，现在离开这个家，跟我出去学习一下，边做些事情，将来再正式参加一些有利我们国家、民族和大多数人的工作。"

一个是普普通通的韶山农民，一个是心怀天下苍

△ 毛泽东动员全家走出韶山冲，参加革命斗争（油画）

生、矢志救国救民不惜抛家舍业的共产主义者，在1921年这个寒冷的冬夜，兄弟二人的心灵发生了激烈的碰撞。尽管大哥讲的话句句在理，但要让毛泽民抛家舍业，离开祖祖辈辈赖以生存的土地、家园，谈何容易！更何况，上屋场在毛泽民的手上渐渐走向富裕，今后的日子肯定会越来越红火。

毛泽东非常喜欢这个吃苦耐劳的大弟弟，对他的劝说也更加耐心："润莲啊，我们不能只想着自己的小家，只顾自己有饭吃，要使全国人民都有饭吃！怎么才能办得到呢？就是走出去干革命！这叫'舍小家，为大家'，那么，我们只得离开这个家了！"

在毛泽东的耐心启发和开导下，"舍家为国"这个理儿，毛泽民是想通了。但要完全抛弃这个家，毛泽民心中确实难以割舍：毕竟这些田地、房屋，都是祖上几代人辛苦积攒下来的，其中也有他们夫妻的辛劳；土地、房屋都带不走，送给别家又舍不得，都出去干革命，总要为家人留一条后路吧？如果连房屋都送出去，今后回来，连个落脚的地方都没有了……

听了毛泽民的一番陈述，毛泽东笑了。他说："这个嘛，好办又不好办。你们若是下了决心，出去就不再回来了，那就田和屋都不要了，这叫做背水一战，置之死地而后生……不过，润莲的考虑也有道理，虽然我们是横下心来干革命，不要这个家了，但总还是有个后方要好些，再说革命也需要经费嘛。"他吩咐毛泽民在离家之前做好善后工作，不要亏待了乡亲们。他说："凡是过去对我们帮过忙的乡亲，都去打个招呼，向他们告别。再从鱼塘里打些鱼，从家里拿些腊肉，送给左邻右舍和亲戚朋友。父母已经过世，可以把他们的衣服、被子送给那些最困难的人家。屋里的东西，该送的送，该丢的丢，全都处理掉。"

毛泽东在家里只住了4天。正月初十，他就带着泽覃、泽建去了长沙。毛泽民按照大哥的吩咐，做好离家前的各项善后工作，准备在一师附小开学前，赶到长沙去上班。毛泽东在一师附小任主事。他已经为泽民安排好一份最适合的工作——在学校里当庶务，即管理学校的后勤、经费以及教师们的伙食。

或许，在治家理财方面，毛泽民比毛泽东想得更细致，更长远。在处理家产时，毛泽民还是适当地做了一些保留。日后，他将这些家产全部用于党的事业和毛泽东领导的秋收起义之中。

投身工农运动

（1921—1925）

→ 铭刻在心的1921年

（25岁）

1921年夏天，在乌云密布的中华大地，炸响了革命的惊雷，中国共产党诞生了！

6月下旬，毛泽东、何叔衡即动身，代表长沙共产主义小组，赴上海参加中国共产党第一次全国代表大会。8月中旬，他们回到长沙，积极贯彻党的一大的决议精神，发展党员，发动工人运动，开始建党初期的工作。

为了积极慎重地发展党的组织，毛泽东回到长沙后，即利用船山学社的社址和经费，创办了一所湖南自修大学。这所自修大学附设的补习学校，实际是中共湖南党组织创办的第一所党校。毛泽东、何叔衡、易礼容、夏明翰等中共早期党员，都是补习学校第一期学员。毛泽民同他们一道，也是补习学校第一期学员。

10月10日，中国共产党湖南省支部正式成立，毛泽东被选为书记，何叔衡、易礼容、陈子博等为支部委员。到年底，中共湖南支部已有20多名党员。正是这时，毛泽民的人生发生了重大转折，由陈子博介绍，他加入到中国无产阶级先锋队的行列之中。

毛泽民究竟是什么时间入党的？长期以来，中共党史界根据有关史料认定，毛泽民是1922年加入中国共产党的。这不仅反映在诸多党史人物大辞典中，而且一脉相承地出现在各种党史资料中。直到2004年夏天，尘封在俄罗斯国家社会—政治史档案馆的毛泽民档案卷宗被打开，沉寂了60多年的党龄之谜，才有了最终的结论。

△ 船山学社

在毛泽民的莫斯科档案中，曾先后8次涉及他的党龄问题，只有一个明确的年份——1921年。共产国际干部部开具的一份鉴定材料中清晰地记录着："毛泽民，毛泽东同志之弟，1896年出生于中国湖南省。1921年加入中国共产党。"由此可见，毛泽民在"1921年加入中国共产党"这个事实，是得到中国共产党的上级组织共产国际承认的。

1922年初，湖南党组织派毛泽民到自修大校任会计襄务，同时兼职省学联庶务。当时，自修大校的开办费只有船山学社每月400元的社务经费，而省学联的活动经费也同样非常有限。毛泽民处处精打细算，点点滴滴节省开支，力求把为数不多的经费使用得当。他甚至派亲友回韶山，动用家产来贴补自修大学活动经费之不足。

这年夏天，毛泽民受中共湘区执委会和中国劳动组合书记部湖南分部的派遣，前往长沙笔业工人工会任秘书。他和工会骨干一起，领导长沙笔业工人积极开展斗争，建立起工会纠察队和宣传组、工作组、生产组等办事机构。

11月14日，毛泽民带领300多名笔业工人，手持小旗，高呼口号，前往省议会和长沙县署进行请愿斗争，提出增加工资，改发银洋，改善伙食，不准私自开除工人等六项条件，并发表宣言，但遭到反动当局和资方的无理拒绝。工会决定立即举行罢工斗争。

罢工期间，毛泽民带领工人代表同资本家谈判。他还根据中共湘区区委的指示，发动工人互济互助，妥善解决了工人在罢工期间的吃饭问题。

长沙笔业工会罢工，得到中共湘

△ 自修大校附设补习学校同学录

区委员会书记毛泽东的大力支持。毛泽东邀集粤汉铁路及 12 个行业工会的代表在船山学社开会，发动大家支援笔业工会。粤汉铁路总工会、长沙工会和泥木、理发、人力车等工会纷纷致函，质问笔业店主。罢工坚持了 40 多天。12 月 23 日，店主答应工人的要求，罢工取得胜利。

→ 安源路矿的红色股票

★★★★★

1922 年 9 月 14 日，在中共湘区委员会和毛泽东、李立三等人的领导下，安源路矿 1.7 万工人举行了规模空前的大罢工。经过 5 天的激烈斗争，路矿当局被迫接受工人提出的保障工人权利、增加工资、改善待遇、废除把头制等 13 项要求。罢工斗争取得重大的胜利。

10 月，工人俱乐部总主任李立三来到长沙清水塘，向中共湘区书记毛泽东汇报工作，其中谈到如何领导工人开展经济斗争，保护和争取工人经济利益的问题。

019

投身工农运动

毛泽东认为，李立三提出的问题很重要，"经济问题不解决，则社会上一切问题俱不能解决"。他决定派中共湘区委员易礼容和毛泽民等党员去安源，加强对经济斗争的领导。

历史竟是这样的巧合：1923年2月7日，就在中国北方重镇郑州发生镇压工人运动酿成"二七惨案"的这一天，在中国南方的群山中，中国工人的第一个经济组织"安源路矿工人消费合作社"在安源老后街诞生了。不久，毛泽民被推举担任总经理。

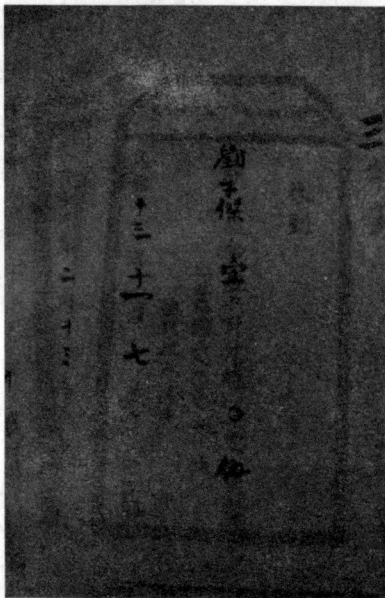

△ 安源路矿工人消费合作社的红色股票

办好消费合作社是安源工人与资本家进行经济斗争的重要手段之一。路矿工人俱乐部拨来1万元作为活动经费。为弥补资金不足的困难，工人俱乐部最高代表会议决定，在俱乐部部员中招股。罢工斗争的胜利，使工人俱乐部深入人心。尽管工人们的家庭生活都很困难，他们仍然响应俱乐部的号召，踊跃认购股票。很快，消费合作社就筹集到7 800余元股金，连同俱乐部拨来的活动经费，共计1.8万余元。消费合作社用自行设计的股票作为凭证，发给每一位认股者。

在安源工人运动纪念馆里，收藏着一张当年安源路矿工人消费合作社的股票。这张股票由彩色石印而成。股票的正面印有总经理毛泽民的名字，而认股者的姓名、股金数额和认股日期都是用毛笔填写的。股票的背面附有招股简章。1994年，这张红色股票被定为国家一级文物。

在韶山时，毛泽民管过"小家"，到长沙后又逐步管理起"大家"来，但"小家"毕竟规模不大，人员也不多，资金最多不过千百元。而现在，工人消费合作社总资金高达数万元，涉及到上万工人股东的切身利益。如何管理好、用好这些钱，使股金发挥最大的效益，让入社的工人群众切实得到实惠，一连串的问题摆在毛泽民的面前。

在消费合作社成立之前，矿工每月从资方领到的工钱不是现金而是"矿票"，即只能在矿区内使用的代金券，

▽ 安源路矿工人消费合作社

还必须到矿局或资本家操纵的银铺去兑换现钱，或在他们控制的商号购买东西。经过层层盘剥，一元矿票的实际价值起码要缩水两成以上。为了帮助社员解决兑换矿票的难题，消费合作社下设兑换股，凡是参加合作社的工人，都可以持矿票在兑换股兑换现钱，一元矿票兑一元现洋。兑换股成立仅半个月，就把安源街上大大小小的银铺挤垮了。

为了办好合作社，毛泽民经常到工人和家属中进行调查，根据群众的需要，派人去长沙、汉口等地采购物美价廉的生活用品，由株萍铁路职工顺车捎回。这样一来，工人消费合作社的物价比当地市场至少便宜三成以上。毛泽民还想办法从浙江、广东搞来食盐，从其他地方采购豌豆、蚕豆等小杂粮，充实合作社的货源。每当合作社来了紧俏货，毛泽民就当起"货郎"，挑着担子，给住在边远山坳的工人送去。

毛泽民还经常在合作社站柜台，热情为工人群众服务。一次，工人袁品高到消费合作社买东西，望着琳琅满目的货架，他发呆了。他寻摸了半天，决定买一双"洋袜子"，再买一双胶鞋。可是，他低头看了看自己沾满泥浆的那双脚，又有些不好意思。袁品高的这个细微举动被毛泽民看在眼里。毛泽民连忙从里屋端出一盆热水，让他先洗了脚，又亲手帮他穿上袜子和胶鞋。穿着新鞋、新袜，袁品高心里乐开了花。

工人消费合作社的迅速发展，使资本家、包工头开办的大小商店受到威胁。他们纷纷联手，企图挤垮合作社。一些不法商人也乘机从合作社套购货物，转手渔利。毛泽民很快发现了问题，果断决定：凭证购货！合作社特制了万余枚记名购物木牌，发给社员。合作社同时规定：兑换现钱必须凭购物牌，每人每天只能兑换一次，每次最多兑换一元，每月不得超过10次。这些措施有效地保护了合作社的营业秩序和矿工群众的利益。

随着合作社的资金不断雄厚，毛泽民又将合作事业进一步扩充和完善，增设了若干个合作分社，还购置了多台缝纫机，开办了缝纫实习工厂和服装店，订做各类服装。管理人员和营业人员也由 20 多人增加到近 40 人。

为了解决合作社的资金周转，在毛泽民的建议下，工人俱乐部提出"在兑换股设储蓄部，提倡工人储蓄，实行发放合作社纸币一万元"等措施。工人消费合作社发行的铜元票和纸币，虽然流通范围仅局限于安源路矿的数万名工人和家属，却是中国共产党革命斗争史上最早的货币，是党领导金融事业最早的尝试。当年，安源工人俱乐部一直是全党活动经费的少数几个储备点之一，经常为其他地方的工人斗争提供有力的经济援助。

中国工人运动早期领导人邓中夏，先后领导过长辛店工人大罢工、开滦煤矿工人大罢工和京汉铁路二七大罢工。他对安源工人运动，特别是安源工人消费合作社，给予极高的评价。在他撰写的《中国职工运动简史》中写道："安源工人俱乐部当时确有很多的成绩，最大的为消费合作社、工人教育等"，他们"大战了一场资本家，打破了工头制，建设了一个坚强的大营寨"。

→ 跟随毛泽东回韶山发动农运

★ ★ ★ ★ ★

（29岁）

1924年初秋，长期超负荷工作的毛泽民，身体状况愈来愈差，不幸又患上急性阑尾炎。直到腹部剧痛难忍，高烧不退，他才不得不住进长沙湘雅医院。当医生为他进行手术时，他的阑尾已经化脓穿孔，以至手术后伤口始终不能彻底愈合。病痛折磨得他寝食不安。中共湖南省委决定，让毛泽民暂时离开安源在长沙休养一段时间。

转眼到了年底，自1923年4月离开长沙去上海在党中央工作的毛泽东，也因长期过度操劳，患上神经衰弱症。党中央同意他回湖南休养。毛泽东和杨开慧带着岸英、岸青两个幼子回到长沙。

在毛泽东回长沙养病的一个多月里，毛泽民也在休息。他们兄弟难得有机会促膝长谈。毛泽东兴致盎然地畅谈了自己对中国革命走向的看法，对农民问题在中国革命中所处地位提出自己的深刻思考。

△ 1925年的毛泽东

1925年春节过后，毛泽民就随毛泽东全家一起乘船回韶山。这时，农村的旧历年还没有过完，又是农闲时节，他们一到韶山便四处串门，看望了不少乡亲，有时还和乡亲们一起打骨牌、玩麻将，和他们一起聊天、唱山歌。要说唱山歌，毛泽民可是一把好手，不仅声音高亢，嗓门也特别大。其中一些山歌是毛泽东新近写的歌词。一曲"金花籽，开红花"唱遍了整个韶山冲。

毛泽东、毛泽民兄弟接触最多的是刚从安源路矿回来的共产党员毛福轩，还有毛泽东的小学同学钟志申、李氏族校的小学教员李耿侯、庞氏族校的小学教员庞叔侃、穷郎中毛新枚等，以及湘乡县外祖父家的表兄弟们。

毛泽东在家乡要做的第一件事情，就是对乡亲们进行启蒙教育。当时的湖南省长赵恒惕为了装门面，正在全省推行《湖南省宪法》，提倡所谓的"平民教育"。毛泽东则借推行"平民教育"为由，通过毛泽民、杨开慧以及庞叔侃、柳季刚、李耿侯等进步知识分子，先后在毛氏宗祠、毛震公祠、李氏祠堂、庞氏祠堂等处，利用原有的族校，创办了20多所农民夜校。他们通过教乡亲们识字、学珠算，宣传"三民主义"，进行马克思主义启蒙教育。

毛泽东讲课非常生动，很善于启发和教育农民。他对乡亲们说："人人都有手脚，可是农民的手脚一年到头不停地劳动，却缺吃少穿；地主有手不劳动，有脚还坐轿子，却吃大鱼大肉，穿绫罗绸缎。"他动员大家组织起来，拧成一股绳，同剥削压迫穷人的土豪劣绅斗争到底。他还经常来夜校查看，要求毛泽民和杨开慧，讲课一定要通俗易懂，让乡亲们能够接受。比如讲"打倒帝国主义"，就说"打倒洋财东"，这样乡亲们一听就懂。

毛泽民长期生活在韶山冲，他最会和乡亲们说话，讲的都是农民自己的"理儿"。千百年来，农民为什么世世代代受压迫？乡亲们自认为"命苦"、"八字差"。毛泽民说："不对！这是因为'土财东'剥削的结果。'土财东'为什么能横行霸道呢？因为背后有'洋财东'为他们撑腰！"

毛泽东兄弟这些入情入理的宣传，拨亮了穷苦农民心中的一盏灯。渐渐地，在他们周围聚拢了一批农民骨干。这年3月，韶山第一个农民协会秘密成立了。不久，秘密农会发展到20多个。

随后，毛泽东兄弟，在毛福轩、贺尔康、庞叔侃等人的陪同下，早出夜归，走遍了整个韶山冲，进行广泛的社会调查。他们除了走访贫苦农民、亲戚朋友、进步知识分子外，还走访了一些殷实人家和开明士绅。经过几个月的培养和考验，毛泽东、毛泽民和毛福轩先后介绍毛新枚、李耿侯、钟志申、庞叔侃等加入了中国共产党。

6月中旬的一天深夜，在上屋场的小阁楼上，毛泽东亲自主持了新党员入党宣誓，成立了韶山党支部，由毛福轩任支部书记。这是毛泽东在中国农村中创建的第一个党的基层组织。为适应秘密工作的要求，他们以"庞德甫"作为党支部的代号，还在银田镇开了一家书店，作为韶山党支部的秘密联络机关。后来，中共韶山支部最早的5名党员，都先后为革命献出了自己宝贵的生命，成为名垂千古的"韶山五杰"。

这年夏天，韶山近两个月滴雨未降，稻田龟裂，受灾严重。土豪劣绅乘机囤积居奇，抬高谷价，稻谷由原来的每升60文猛涨到160文。成胥生、何乔八等大地主还企图将谷米运往湘潭等地，牟取暴利。毛泽东立即召集党支部和农协骨干开会研究，决定发动农民，迫使地主开仓平粜。这就是韶山历史上有名的"阻禁平粜"斗争。毛泽东兄弟回到韶山发动农运前后有200多天。他们四下串联，到处"点火"，唤醒了沉睡的韶山冲，点燃了湖南省伟大农民运动之火。

当年毛泽东在长沙领导学运和工运时，赵恒惕就已领教过他的厉害。赵恒惕曾恶狠狠地说："湖南若有毛泽东，就没有我赵恒惕！"当赵恒惕接到密报后，立即令湘潭团防总局，火速派兵前往韶山冲，捉拿毛泽东兄弟，以除心腹之患。

而此时，毛泽民根据党组织的安排，已经回到安源，继续领导工人消费合作社的工作。

当年，韶山和安源同属赵恒惕管辖的地盘。中共湖南省委决定调毛泽民去广州农民运动讲习所学习。

离开韶山之前，一向憨厚老实的毛泽民作出了一个让全家人都意想不到的沉重决定——与相濡以沫12年的结发妻子王淑兰离婚。毛泽民心里明白，自己今后的人生只能在极度危险中度过。妻子是小脚，不可能跟随自己在外面奔波闯荡，留在家里危险更大。经过深思熟虑，毛泽民痛下决心，做出不容反悔的郑重决定。毛泽民走后不久，反动省长赵恒惕便下达通缉令，派兵捉拿毛泽东和毛泽民。王淑兰更加明白了丈夫的良苦用心。

广东农民运动讲习所第五届讲习班于 9 月 14 日开课。毛泽民到广州后，即担任本届农讲班总支书记。当时的广东虽然是国共合作的天下，但中共党员的身份及党的工作并不公开。毛泽民的公开身份是农讲所学员兼任甲班班长。

然而，本届讲习班开课仅 37 天，毛泽民便接到党中央的调令，要他立即结束学习，前往中国最大的都市上海，接受重要任务……

出版发行先驱

（1925—1931）

十里洋场的"杨老板"

毛泽民此次来上海，是奉中央电调到上海负责发行中央党报。不久，党中央成立出版部，毛泽民"即负出版印刷发行之总责"。为了适应地下工作的需要，他化名杨杰，公开身份是某印刷厂的老板。他脱掉了土布短装和布鞋，时而长衫马褂，时而西装革履，频频出入于报馆、书店和发行所，俨然一位出版界的大老板。

这里所指的中央党报，即中国共产党第一份中央机关刊物《向导》周刊。党中央总书记陈独秀一直是这份刊物的灵魂人物，几乎每一期都有他的文章。

在毛泽民来上海之前，党的发行工作一直是由中共中央委员、中央局成员瞿秋白领导下的上海书店负责的。《向导》周刊的印数虽然有3000份，发行量却只有1000多份。

毛泽民接手发行部工作时，接收的资本仅有

72 元 3 角 8 厘。而《向导》周刊每月都要在《申报》《新闻报》和《民国日报》刊登广告,需要支付广告费 72 元,而党中央只拨给 60 元广告费。发行部的一切经费全靠自身的收入来开支。

出版发行工作对于毛泽民来说,毕竟是一个从未接触过的陌生领域。发行部的人手很少,只有几个人。所幸的是,在旧上海众多的出版社中,有一家由安徽人汪

△ 党中央出版发行之总负责毛泽民

△ 上海书店出版发行的进步书刊

孟邹创办和经营的亚东图书馆。汪孟邹是中共总书记陈独秀的同乡，两人关系密切。随着五四新文化运动的兴起，亚东图书馆成为传播新文化、新思想的重要阵地，出版了不少新文化书籍，还代销《新青年》、《每周评论》、《向导》和其他进步书刊。亚东下设一家编辑所，由汪孟邹的侄子汪原放任编辑。在陈独秀的影响下，汪原放加入了中国共产党，还担任中共亚东图书馆支部书记。毛泽民利用这些有利条件，时常向汪孟邹、汪原放叔侄二人请教，不断摸索报刊印刷和发行的经验，逐步掌握了其中的运作规律。

时值国共第一次合作。在革命大本营广州及南方各省，工农运动风起云涌，一片赤旗的天下。但整个中华大地时局依旧动荡，军阀混战不断。上海这座地方军阀和反动势力的坚固堡垒、西方冒险家的乐园，仍处在严重的白色恐怖之中。

上海书店是中央出版发行部公开的发行机构，但店址较偏僻。为方便广大读者购书，扩大革命书刊的销售量，毛泽民先后在沪西、沪东、闸北建起了多个分销处，又在培德里建立起一套秘密印刷发行机构，专门负责党中央文件和内部刊物的印刷及发行。

在上海这个黑白势力杂处、三教九流并存的大都会，"杨老板"凭借着在安源路矿与矿主工头斗智的经验，渐渐学会了同形形色色的都市人打交道，学会应付地痞流氓的骚扰，有力地保护了上海书店和印刷发行机关。

安排好上海的工作后，毛泽民又奔波于全国各大城市，建立和扩大革命书刊的分销渠道。随着大革命的蓬勃展开，分销处由最初的上海、北京、广州、长沙四地，逐步发展到全国20多个大中城市，在香港、巴黎和柏林也设有代售处，以至书刊尚未印刷，发行部就收到上千元的预约款。毛泽民将这些预约款作为资本，发行工作得以迅速发展。到1926年底，即毛泽民到任一年时间，出版发行部进行内部结算时，已经赚到1.5万余元。1927年初，中央会计处派多名同志到发行部核查账目，结论是：财、物两清。

此时，已进入而立之年的"杨老板"还是单身一人。一个生意人，形单影只，很容易引起敌人的注意。1926年夏天，党组织安排怡和纱厂的女工、共产党员钱希均来到毛泽民身边，配合、掩护他的工作。介于毛泽民在一年前已经与结发妻子王淑兰解除夫妻关系，这年年底，毛泽民和钱希均结为夫妻。

→ 战斗在北伐战争的狂飙中

★★★★★

（31岁）

1926年7月，为推翻帝国主义支持的北洋军阀的统治，国共两党合作，领导国民革命军在广州誓师北伐。北伐军势如破竹，10月10日即占领武汉三镇，全歼直系军阀吴佩孚主力。而盘踞在华东地区的直系军阀孙传芳却苟延残喘，上海及周边地区的情势一天天恶化。孙传芳以"印刷过激书报，词句不正，煽动工团，妨害治安"等罪名，封闭了我党领导的上海书店。党的出版发行工作只好全部转入地下。

这时，毛泽民向党的总书记陈独秀提出建议：在革命形势较好的武汉三镇，设法建立一个党的公开发行机构——长江书店。毛泽民的建议得到党中央的支持和批准。他亲自出马，前往武汉。经过周密的考察和紧锣密鼓的筹备，当年11月，长江书店正式开业了！

这一天，江城武汉的主要报刊都刊登了长江书店开业的广告和书目预告。广告语用特别醒目的字体明示：本书店"继承上海书店营业"。看到这则广告，从武汉三镇来长江书店购书的读者络绎不绝。书店的销售人员正在开箱，旁边已经围满了准备购书的读者。新图书根本来不及上架，就被抢购一空。闻风而来的人就更多了。有的人看一眼书名和书上的定价，就急忙付钱。从上海、广州运来的新书，三天之内全部售完。由于后续书刊一时供应不上，书店不得不拉上铁门，暂停营业。"赈济知识饥荒，完成世界革命"这副对子，即真实地反映了广大群众渴望阅读进步书籍的心情。

为了迅速解决长江书店的书源问题，毛泽民又紧急从上海调运大批进步书刊，从长江水路运往汉口，几乎间隔两三日就有一批新书到达武汉码头。毛泽民委托长江轮上的水手和茶房，用巧妙的办法进行伪装，秘密运送了大批进步书籍。除两批书被南京蒋介石手下的特务查获没收，丢至江中，其余的均平安抵达汉口。

在从上海调运图书的同时，毛泽民还积极加强长江书店自身的印刷能力。他派专人把上海印务局的印刷机全部运到汉口，创办了长江印刷厂，专门印制长江书店的出版物。实际上，长江印刷厂成了汉口长江书店的"子公司"。

当年，领导长江书店的是党中央宣传负责人瞿秋白，具体工作由中共湖北区委派专人主持。书店主要经销马克思、列宁著作和进步书籍，同时发行中共中央机关刊物《向导》、共青团中央刊物《中国青年》、中共湖北省委的《群众周刊》等革命刊物，还出版、经销妇女和青少年读物以及实用书籍、文艺读物，深受广大读者的喜爱与欢迎。在众多图书中，彭湃的《海丰农民运动》和毛泽东的《湖南农民运动考察报告》印刷出版，对日后指导中国革命有着特殊的意义。

北伐军在两湖战场取得胜利后，转向肃清长江下游之敌——进军杭州、上海，会攻南京。毛泽民在运作长江书店的同时，丝毫没有放松上海的出版发行工作。1927年2月，北伐狂飙席卷杭州、嘉兴一带，宁、沪、杭革命形势迅猛发展，宣传工作异常扩大，仅《向导》周刊的发行量就有8万份，《共产主义ABC》一书半年之内在全国销售3万余册。各种革命书刊像漫天的雪片，如同战斗的号角，鼓舞着北伐军将士和广大民众同北洋军阀展开英勇的搏斗。

3月21日，北伐军开始占领上海。为配合陈独秀、周恩来等人领导的上海第三次工人武装起义，毛泽民不仅组织秘密印刷了大量的传单，还及时把握形势，在工人起义的当天，将《向导》、《新青年》、《中国青年》三种刊物的总发行所易名，正式设立了上海长江书店。自3月31日直至4月13日，"上海长江书店正式开幕廉价启事"和几十种书目的大幅广告，在当时很有影响力的《民国日报》、《时事新报》等报刊上连续多天刊载，声势颇为浩大。

正当大革命的洪流高歌猛进的时候，蒋介石磨刀霍霍，主张立即用暴力手段"清党"。上海的情势日趋紧张，到处充满了火药味。

4月上旬，中共中央从上海迁往武汉。中央出版发行部也随党中央迁到武汉。毛泽民需要处理大量的遗留工作，仍然在乌云密布的上海紧张地忙碌着。直到5月初，他才秘密离开上海，乘江轮前往武汉，继续负责党的出版发行工作。来到武汉的当天，他就去党中央报到，奉命就任《汉口民国日报》总经理。

这时的武汉还是国民党左派的天下。上海长江书店虽然被迫停业，汉口长江书店仍然存在。党的出版发行工作照常运转，又出版了许多新的革命书刊。《向导》《中国青年》与当地的《楚国日报》《汉口民国日报》

等组成强有力的舆论宣传阵地。

那时，武汉的报纸很多，但大型报纸只有两份：一份是国民党中央宣传部的机关报《中央日报》，是国民党右派的喉舌；一份是《汉口民国日报》，它名义上是国民党湖北省党部的机关报，实际却掌握在共产党手里。董必武任社长，沈雁冰担任总主笔，即总编辑。编辑部里，几乎都是共产党员。董必武是中共元老，在国共双方都很有影响力，自然兼职很多，工作十分繁忙。他把报纸的印刷、发行和报馆的全部行政事务，都托付给总经理毛泽民。

最初，《汉口民国日报》每天出十版，六版新闻，四版广告。毛泽民主持工作后，又增加了不定期的副刊。在他和总主笔沈雁冰及报社全体同仁的努力下，报纸的发行量很快从每日4000份陡增到10000余份。

进入5月中旬，湖南、湖北的政治形势风云突变。马日事变加速了汪精卫为首的武汉国民党中央走向反动。为应付突然事变，7月8日，毛泽民清理了手头的工作，待总主笔沈雁冰写完了最后一篇社论《讨蒋与团结革命势力》后，便一同辞掉《汉口民国日报》的工作，转入"地下"。

7月15日，汪精卫在武汉公开叛变革命，正式作出"分共"的决定，对共产党人和革命群众实行大屠杀。

8月7日，在共产国际的帮助下，中共中央在汉口召开紧急会议（即八七会议）。在中国革命的危急关头，会议总结了大革命失败的经验教训，坚决纠正了以陈独秀为代表的右倾投降主义，确定实行土地革命和武装反抗国民党反动派的总方针，并把发动农民举行湘鄂粤赣秋收暴动作为当前党的主要任务。会议选举了中央临时政治局。毛泽东当选中央政治局候补委员。在中央临时政治局分工之前，在中央主持工作的瞿秋白，曾征求毛泽东去上海中央机关工作的意见。毛泽东坚决表示，不愿去大城市住高楼大厦，他愿到农村去，上山结交绿林朋友。

8月12日，毛泽东作为中共中央特派员前往长沙，组织领导湘赣边界秋收起义。毛泽民也跟随毛泽东一起回到长沙，参加秋收起义的准备工作，负责军运和管理军需。他曾秘密潜回韶山，为起义部队筹措军饷。在赶往起义队伍途中，他不幸遭遇地方团防和反动武装逮捕，虽然机智地逃脱，却与毛泽东率领的部队失去了联系。为了追赶起义部队，毛泽民迅即化装成商人，几个农民赤卫队员化装成轿夫和随从，他们昼夜兼程。可路过湘赣边界时，他们又被地主民团截住。民团见他们身带武器，说是有"赤匪"之嫌。毛泽民理直气壮地训斥说："我是做生意的商人，外边兵荒马乱，我带了几个人，有几支枪，有什么大惊小怪的？！"民团虽未发现可疑之处，却不让他们继续前进。毛泽民只得返回长沙，后被中共湖南省委任命为省委交通处处长。

9月9日，湘赣边界秋收起义爆发。起义军各团按照事先预定的部署，分别攻取平江、萍乡、醴陵、浏阳后，一齐向长沙推进，准备最后夺取长沙。然而，在强敌的重兵包围之下，各路起义部队的军事行动均遭受严重挫折。在万分危急的时刻，毛泽东毅然决定，放弃原定攻取长沙的计划，迅速脱离容易遭受国民党军围攻的平江、浏阳地区，沿罗霄山脉南移，寻求立足点。在毛泽东的亲自指挥下，秋收起义的部队经过著名的文家市会合、三湾改编和古城会议，于10月27日到达井冈山茨坪，把革命的红旗插上了井冈山。

➔ 两手空空，重建家业

★★★★★

（31—33 岁）

　　1927 年 11 月初，党中央紧急调毛泽民回上海，恢复党的出版发行工作。当毛泽民风尘仆仆地回到上海，接手原来的工作时，摆在他面前的却是令他骇异的窘境：不仅当年他留在上海的赢余和存货所剩无几，重要账簿也不复存在。在毛泽民之后担任中央出版发行负责人的，有的脱离了革命队伍，有的沦为可耻的叛徒或托派。毛泽民又是两手空空，一切又要从头做起。

　　由瞿秋白主编的《布尔塞维克》，是大革命失败后党中央出版的第一个公开的机关刊物。为扩大党的政治路线的宣传，1928 年 11 月，党中央在上海创办《红旗》周刊，后改为《红旗日报》。

　　大革命失败后，反动书刊充斥着国内书报市场。在黑暗之中勇敢探索的进步青年和革命群众，渴望阅读到为其指引光明前途的革命图书。毛泽民重返上海不久，便创办了无产阶级书店，先后印刷发行了《反对帝国主义大战斗争与共产党员的任务》、《中国革命与共产党》、《全国总工会政治工作》、《共产主义青年运动的理论与实际》、《广州公社》、《中国苏维埃文集》、《党内斗争》和《支部工作》等24种革命书刊。后来，他又创办了华兴书局和浦江书店，在读者中颇有影响的启阳书店和春阳书店，都是华兴书局的化名。

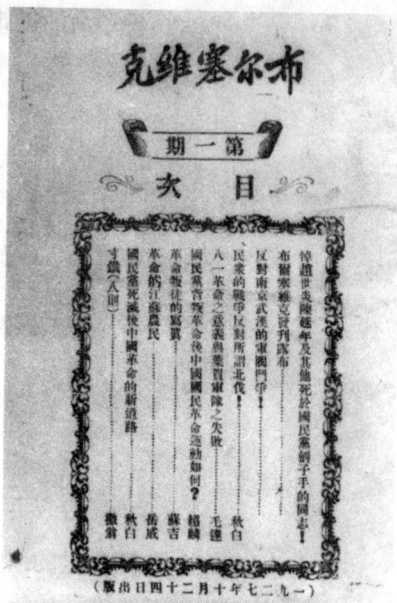

△《布尔塞维克》第一期目次

面对国民党反动派的严密搜捕和层层检查，毛泽民在刊物的印刷、发行工作上用了很多心思。他们为红色刊物装订上假封面，什么《中国文化史》《中国古史考》《新时代国语教科书》、《金贵钱贱之研究》、《平民》等等，有时还仿照国民党机关刊物，用《中央半月刊》来迷惑敌人。

在国民党的反动统治下，党的出版事业是非法的，国民党政府不断大肆"围剿"和封杀。一个秘密印刷厂被敌人破坏后，党刊的印制很快又转到另外的地点继续进行。当年，位于上海派克路的协盛印刷所是党中央最大的秘密印刷机关。毛泽民兼任协盛印刷所的负责人。

1929年夏天的一个上午，20多个巡捕房密探——"包打听"突然闯进印刷所，发现车间里正在印刷共产党的宣传品，便立刻封锁了弄堂口，对印刷所进行大搜查。

领头的"包打听"拿着几张刚刚印出的传单，质问毛泽民。

毛泽民镇静地回答说："我给人家印传单是为了赚钱。我得养活这么多的工人。人家给的价钱大，我为什么不干？！我是商人，不懂什么共产党！"

敌人不容分说，将全体工人集中在一个车间里，派了十几个狗腿子看守着。领头的又令人给毛泽民拷上手脚镣，带着几个人，把他秘密押到一个旅馆里。

这帮"包打听"想乘机敲竹杠，领头的无赖开口就要用一万元绑票的赎价与毛泽民谈判。在上海滩闯荡了多年的毛泽民，从容不迫地用地痞流氓的套路对付他们。他左手叉腰，右手的大拇指向外一撇，摆出一副老开的派头，神气地说："你可以打听一下，在大上海出版界，哪个不晓得我杨某人！"

"包打听"趁机敲诈说："好啊，那你就拿出钱来吧！"

毛泽民顺手从上衣口袋里掏出 300 元钱，甩在桌子上："拿去好了，我身上只有这些，是准备买纸的，其余的，只有等我出去再说！"

见毛泽民出手大方，几个"包打听"互相看看，还真有些不知所措了。

那天，钱希均正好外出办事，刚到弄堂口，便发现情形不对。她立刻将毛泽民被捕和工人们被关押的情况报告给中央特科。周恩来紧急部署了营救工作。他批准可用 3000 至 5000 元，保全数十位工人同志和价值一万余元资本的工厂。但经过毛泽民与"包打听"软硬兼施的"谈判"，用"天下皆朋友"的流氓路线，只送给他们 800 元，就化解了这场危机。

基于协盛印刷所发生的异常情况，党中央决定，毛泽民带协盛印刷所尽快迁往天津。毛泽民考虑，转移机器设备动静太大。为蒙蔽敌人，他想出一条"金蝉脱壳"之计。

第二天，上海《新闻报》刊登了一则启事："协盛印刷所厂主杨杰出卖印刷设备。"印刷所门口也张贴同样的告示。

几天后，一位陌生的新"主顾"看了货，请人装箱，打包，干净利落地把这些设备全都拉走了。就这样，协盛印刷所连同他的"杨老板"，神不知鬼不觉地从上海滩消失了……

⟶ 印刷厂的地下"生意经"

★★★★★
（33—35 岁）

这时已经是 1929 年冬天。钱希均的哥哥、共产党员钱之光先期来到天津，在广东道（今唐山道）47 号买下一栋两层楼房，请人把上海运来的印刷设备一一安装起来。毛泽民一到天津，就在门前大大方方地挂上"华新印刷公司"的招牌，鞭炮一放，楼里的机器又转动起来。

在天津，毛泽民的公开身份是华新印刷公司经理，化名周韵华。公司的干部和工人都是他从上海带来的。为了加强骨干力量，在撤出上海之前，毛泽民派专人去韶山，将堂侄毛远耀、毛特夫带到上海学习印刷。

毛泽民带领的这班精干人马，经过与国民党反动派几年的较量，斗争经验更加丰富。为了迷惑敌人，公司的一层对外营业，承接的业务五花八门，什么信纸、信封，卡片、表格，发票、税票，请柬、喜帖，还有戏院的演出广告、糖果包装纸，等等，生意做得不紧不慢。二楼则是印刷党的报刊和读物的重地，任务相当繁忙，不仅继续排印《布尔塞维克》、《中国青年》、《红旗》、《北方红旗》、《共产主义ABC》等书刊，还要排印党的文件和通电。

为了应付突然情况的发生，在一层营业室的柜台下，装有电铃开关，只要外边有可疑的人进来，营业员一踩开关，楼上的电铃就会轻轻地响起来。排字、印刷和装

▽ 天津华新印刷公司旧址

订的人员就立刻做好掩护工作。

为了掩护党的出版发行机关，顺直省委在旧法租界五号路（今和平区吉林路）开设了一家小古玩店。中共顺直省委负责人柳直荀是古玩店的东家兼经理，毛泽民是股东之一。毛泽民还在天津最繁华的劝业场开了一家书店，作为印刷厂的秘密转运站。印刷厂印出的书刊均由这家书店分发、邮寄出去。

当初毛泽民离开上海时，国内形势已经开始发生有利于革命的变化，新的军阀混战爆发，全国红军和革命根据地发展加快，白区党的组织工作有了一定程度的恢复，也使党的出版发行工作能够比较顺利地展开。

华新印刷公司在天津运转了近一年时间，尽管还能开工，但回旋余地较小，报刊的发行和资金转运都极为困难。再说，天津远离在上海的党中央，印刷宣传品和文件感到很不方便。我党在上海印刷又遭受了新的破坏，领导干部非常缺乏。正在这时，毛泽民接到中央来信，要他立即返回上海重建印刷厂。于是，毛泽民带着自己的精兵强将又杀回"上海滩"。

然而，此时的上海形势比毛泽民离开时更加险恶。在李立三"左"倾冒险主义路线的指导下，党的城市工作、各地红军和根据地都遭到严重的破坏。根据周恩来的指示，印刷厂的建立要采取"化整为零"的策略。周恩来还指示有着丰富地下工作经验的党中央机关会计熊瑾玎，与毛泽民和钱之光一起进行统筹安排，做好掩护中央出版发行机关的工作。

经过周密考虑和精心安排，他们选择了齐物浦路（今周家嘴路）元兴里一处两层两底的连体楼。东边一栋开印刷厂，西边一栋开绸布庄。因为在紧挨着印刷厂这边，还有一家小五金工厂，冲压机巨大的噪声完全掩盖了印刷机的转动声。

印刷厂和绸布庄都是由毛泽民负责。从表面看，印刷厂这边是一户普通住家，在地下室却安装了一台4开脚踏印刷机。绸布庄这边住着钱之光一家。钱之光以批发、零售各种绸缎布匹来掩护印刷厂的工作，同时，他还负责印刷厂对外的联系。印刷厂和绸布庄之间开了一道秘密的活动墙壁。印刷厂用的纸张和印好的文件被伪装成绸缎、布匹从绸布庄进出。

这年4月下旬，中共临时中央政治局委员、中央特科负责人顾顺章在武汉被捕叛变。顾顺章掌握着白区中央领导机构和中央领导人的全部情况。在周恩来的指挥下，党中央采取紧急措施，废止顾顺章所知道的党内一切工作方法，掐断了顾顺章所能接触的所有关系和线索，由各部门实行紧急应变，终于抢在敌人前面，将党中央和中共江苏省委机关及工作人员全部安全转移，避免了一次后果极端严重的大破坏。毛泽民领导的中央出版发行部和地下印刷厂也进行了秘密转移。

7月下旬，毛泽民被派往中央苏区工作。在踏上闽西红色土地

△ 《红旗日报》秘密印刷厂

△ 党的机关刊物《红旗》

的那一刻，一种游子回家的美好感觉在他心中油然而生。闽西苏区与赣南苏区相距不远，但在第三次反"围剿"胜利前却被白区分割着。滞留闽西期间，毛泽民担任闽粤赣军区经理部部长。在这100多个日日夜夜，他无时不在思念近在咫尺的大哥毛泽东和小弟毛泽覃。

9月中旬，第三次反"围剿"胜利告罄，赣南和闽西两块革命根据地连成了一片，形成了以瑞金为中心的巩固的中央革命根据地。它的范围扩展到28个县境，拥有瑞金、兴国、于都、长汀、上杭等15座县城，总面积5万多平方公里，人口达250多万。中央苏区进入全盛时期。眼看着毛家兄弟就要团聚了，毛泽民的欣喜之情溢于言表。

红色共和国的"大管家"

(1931—1935)

➡ 中华苏维埃国家银行行长

⭐⭐⭐⭐⭐

（35 岁）

　　1931 年 11 月 7 日，中华苏维埃中央政府在红都瑞金宣告成立。在 11 月 27 日召开的中央政府执行委员会第一次会议上，毛泽东当选中华苏维埃共和国中央执行委员会主席。按照苏维埃组织法的规定，中华苏维埃共和国中央人民委员会相继成立。毛泽民被任命为中央财政人民委员部委员，兼任国家银行行长。

　　从毛泽民进入中央苏区不久，到开始长征的整整三年时间里，大哥毛泽东一直身处逆境，来自"左"倾路线领导人接连不断的批判和不公正对待，在不短的时间内，甚至被剥夺了工作的权利。面对来自党内的"残酷斗争，无情打击"，毛泽东挺过来了。在毛泽东的鼓励和支持下，毛泽民也凭着特有的忠诚、稳健和实干，任劳任怨地开始了国家银行从无到有的艰难创业。

财政金融是国家经济的命脉。处在残酷战争环境的临时共和国，经济补给极为困难，金融秩序亟待整顿，成立国家银行，以此统一财政，统一货币，已刻不容缓。而眼下，苏维埃临时共和国还仅仅是个框架，任命的十名部长有几位没有到任。财政部长邓子恢因忙于发动闽东农民运动，指导闽南游击战争，短时间内还不能到职。

1932 年 3 月 1 日，中华苏维埃共和国国家银行在瑞金叶坪正式成立。国家银行创建之初，算上行长毛泽民只有 5 名工作人员。而红军部队的军需物资、中央政府机关的一切费用、苏区军民的衣食，都由国家银行一揽子包下来。与其说毛泽民是国家银行行长，不如说他是红色共和国的"大管家"。

毛泽民面临的最大困难就是没有启动资金。按章程规定，建立国家银行需财政部拨款 100 万元，但实际到账的 80 万元是债款，其余 20 万元还是从闽西工农银行转来的，不久也被财政部调走了。

毛泽民把统一财政作为国家银行的首要任务。而国家银行的财政来源主要是战争中的缴获物资。国家银行明确规定：凡属各级政治部、各直属队和新区所成立之革命委员会等一切财政之收入，必须"报总政治部及中央财政特派员，以便汇集具报中央财政部，以资财政统一"。国家银行在各部队设立派出机构。每逢红军有重大作战行动，国家银行都会组织没收征集委员会，随部队到前方筹粮筹款。毛泽民是没收征集委员会的领导人之一。为了把战争中的战利品尽快存入金库，他经常深入前方，实地指导，帮助部队建立财政系统。

1931 年 12 月 14 日，在红军第三次反"围剿"胜利的影响和全国抗日反蒋浪潮的推动下，有中共地下党工作的国民党第二十六路军 1.7 万余人，在赵博生（共产党员）、董振堂的率领下，在江西宁都举行起义。

这一义举，不仅在政治上、军事上增加了苏维埃政府和红军在全国的地位与威力，也给红军的发展创造了极其有利的条件。

然而，在王明"左"倾路线的影响下，中革军委于1932年1月10日下达训令，要求中央红军坚决夺占赣州，争取革命在江西的首先胜利。红军攻打赣州，33天未克，遭到重大伤亡。为了摆脱困境，中革军委特派中华苏维埃政府副主席项英，请正在瑞金东华山古庙养病、实际被排挤赋闲的毛泽东，立即赶赴前线，参加军事决策。在毛泽东的建议下，红军放弃攻打赣州，转而会师漳州。

△ 毛泽民扮成商人前往苏区

3月下旬，毛泽东率领红一军团和红五军团组成的东路军直指闽南，在集中兵力，先扫外围后，迅即占领漳州城。在这次战役中，红军歼灭国民党军第四十九师大部，俘虏副旅长以下官兵1600多人。红军不仅缴获了大量的武器弹药，还筹得105万元大洋的军费。

毛泽民率领前方没收征集委员会随军来到漳州。白天，他走街串铺，找商人们谈话，宣传红军的政策，希望商人们与红军保持经常的贸易联系，互通有无。晚上，他又忙着检查没收征集的物资。他在当地请了不少挑夫，把缴获的物资和筹集的银两浩浩荡荡地挑回瑞金。

漳州战役大获全胜，为国家银行打下了最初的家底儿。而国家银行的有效运行，促进了中央苏区各省、县分行、支行的建立。福建分行和江西分行还设立了多处兑换处和收买金银处。各县政府、各军经理机关也设立了代兑处。

在开创党的经济工作的长期实践中，毛泽民积累了丰富的理财经验，但在创办国家银行初期，也遇到不少困难。起初，筹备和实行银行代理金库的工作，大家都不知从何着手，只能做些整顿账簿和表格的工作。

有一次，银行的同志接收前方来款，偶然发现包现洋的纸张竟是一张税务机关的四联单。毛泽民从这张四联单得到启发，对金库的管理制度和流程进行改进，经过几个月的摸索和钻研，初步草成了金库管理条例。

于是，国家银行向红军部队的政治部和供给部发出通知，请各部队在缴获的战利品中，注意搜集有关财政、银行、企业管理制度的书籍和文件以及账簿、单据、报表等实物。根据多方收集的相关资料，国家银行逐步建立起会计、预算、决算和审计等各种制度。毛泽民还亲自设计了财务传票：白纸红字为现金用，白纸蓝字为付现金，白纸绿字为转账。尽管当时国家银行的金库制度和各项财政制度还存在一些缺陷，但这套制度如同一部初调试的机器，终于顺利地运转起来。

为中央苏区统一货币

★★★★★

（36 岁）

发行中央苏区统一的货币是国家银行的特权。国家银行成立之前，江西工农银行和闽西工农银行均发行过纸币。当时，国民政府的法币、白区的杂币也在中央苏区流通，无疑给国民党反动派破坏苏区的金融市场提供了可乘之机。

然而，发行苏区统一的货币，要根据国民经济发展的需要，与根据地经济状况和商品流通规模相适应。因此，准备工作要比筹建银行机构困难得多，复杂得多。

1932 年 7 月 7 日，国家银行正式发行统一的纸币——中华苏维埃共和国国家银行银币券，又称"苏维埃国币"，有壹元、伍角、贰角、壹角、伍分五种票面。壹元票币正面为紫红色，横眉书有"中华苏维埃共和国国家银行"的字样，中央有革命导师列宁的头像，票面下方左右，分别是国家银行行长毛泽民和国家财政部长邓子恢的签字。

△ 中华苏维埃国家银行发行的纸币和贰角银币

不久，毛泽民又将兴国铸币厂搬到瑞金县洋溪村，建立起中央造币厂。此间，红军在福建上杭地区击败国民党钟绍奎部，缴获了一套铸币机，造币厂很快投入机械化生产。制造银币的原料都是打土豪得来的银器和手饰。

在旧中国，封建割据，币制尚未统一，金、银本身是硬通货。用真金、真银加工出价值等量、尺寸规范的硬币，在全国各地都能通用。中央造币厂不仅铸造苏区流通的银币，还铸造"大头洋"（币面为袁世凯头像）和"小头洋"（币面为孙中山头像）。因为红军需要到白区去买东西。

一天，中华苏维埃政府主席毛泽东把造币厂厂长谢里仁找到办公室，拿出一枚标有"中华苏维埃共和国 公历一九三二年"字样的贰角银币让他辨认。

谢里仁把银币放在手心上掂了两下，又在地上磨了磨，便报告说："这枚银币肯定是假的，只是在红铜片上镀了一层银膜。"片刻，他又报告说："最近，我们也发现了一些假银毫，据说是筠门岭的一个土匪制造的。"

　　毛泽东表情严肃，做了一个有力的手势："消灭它！"

　　遵照毛主席的指示，国家银行在苏区各地贴出布告，公示识别假币的几种方法，依靠群众堵塞假币在苏区的流通。毛泽民从红军大学"供给班"抽调了20名学员，配合清剿假币的宣传。他们除了在街市、桥头加强稽查以外，还请求朱总司令派兵消灭了隐藏在筠门岭制造假币的黑据点。

　　1933年春天，革命元老林伯渠从苏联回国，进入中央苏区，任国民经济部长，后又兼任财政部长。林伯渠参加过南昌起义，是起义军财经委员会主席。从那以后，林伯渠一直是我党财政金融工作的主要负责人之一。

　　地处闭塞的山区农村，缺乏专业的金融、财会人员，国家银行的工作怎样才能适应动荡的战争环境？毛泽民与林老商量，举办了一个专门培养财会人员的训练班，由林老和毛泽民亲自授课。毛泽民经常对学员们说："我们是为工农持家，为红军理财的，一定要勤俭节约，要不，就没得吃，没得穿，怎么谈得上打反动派呢？"他还说："财经工作是管钱、管物的，不能差错分毫，要细心，要廉洁奉公。"

　　毛泽民身为国家银行行长，管钱管物，权限很大。但他从来不搞一点特殊，不乱花公家一分钱，也不乱批条子报销一分钱。即便毛泽东来银行视察工作，毛泽覃来看望他，也是按照普通的伙食标准，有时仅是一杯开水。有的同志实在看不过去，就给他提意见说："毛行长，按家庭论，毛泽东同志是你的哥哥。可在中央苏区，他是苏维埃中央政府主席，动用公家几个钱招待一下，是理所应该的。"毛泽民直爽地回答说："公私分明是共产党人的品德，手足之情也应该是'君子之交淡如水'啊！"

毛泽民在与同志们拉家常时曾经说过："以前，我在家里是管家的，现在到了苏维埃政府这个革命大家庭里，还是管家的。无论是管小家，还是为国家理财，都要力求勤俭。"

国家财政部部长邓子恢十分钦佩毛泽民的理财能力，他曾回忆说："毛主席要我当财政部长，泽民当国家银行行长。他搞银行工作很好，很出色。他到苏区以后，根据主席统一财政的指示，把货币统一起来，市场货币流通一律用国家银行券和铜板，国民党的货币一律不准用，打土豪缴的款和政府收的税一律交银行存，由银行开给收据……银行的钱不能随便用，须经财政部批准。这样一来，货币金融统一了，财政也就随之统一"，"这是泽民同志的一大功劳"。

创建中华钨矿总公司

★★★★★

一个二三百万人口的根据地，光靠打土豪过日子怎么行？必须因地制宜地发展工农业生产，积极进行经济建设。中华苏维埃政府成立之初，没有设立主管国民经济的部门。为了充实国家银行的家底，毛泽民将很大一部分精力投入到生产经营之中。他曾千方百计地搞生产，开矿、淘金、炼铁、运盐……但这种"小打小闹"不可能从根本上解决红色政权生存的问题。毛泽民想，毛泽东是中央根据地的创始人，红军每打下一个地方，他都要派人寻找那里的地方志，认真研究那里的天文地理、古今历史，为什么不去找他去请教呢？

毛泽东最了解毛泽民，只要他认准一个理儿，就会产生无数奇思妙想，创造第一流的工作。毛泽东不紧不慢地对毛泽民说："你看，这瑞金县的'瑞金'二字就得自'挖地得金'、'合生瑞气'。据史料记载，赣南素有'钨都'之称。红军打下赣南后，曾有部队组织开采过，但规模很小。加之部队作战频繁，不可能在一个地方待很长时间。现在，我们有了比较巩固的根据地，如果有人认真去抓这件事，也许就是中央苏区不小的财源！"

说着，毛泽东拿出一份材料给毛泽民看。金属钨的用途还真广，不仅可以拉出电灯泡中的灯丝，还是制造枪械的重要材料。第一次世界大战期间，各帝国主义国家拼命扩充军备，都把魔爪伸向中国，在赣南大量开采钨矿，成千上万吨的钨砂被运往国外。一战结束后，赣南虽然有一大半的钨矿停产，但钨砂仍然是外国客商争相抢购的紧俏货。

毛泽民说干就干。他顶着凛冽寒风，策马西行，匆匆赶往会昌县（今于都县）铁山垅。一下子动员了500多名工人，组成了5个挖砂中队。1932年1月中旬，中华苏维埃的第一个公营矿场——铁山垅钨矿场正式成立了。

回到瑞金，毛泽民立即给中央政府写报告，建议在铁山垅钨矿区成立"中华钨矿公司"。他的报告引起中央政府的特别关注。两天后，报告就批复下来："着毛泽民筹办。"

据了解，在会昌、安远、于都三县交界的仁凤山一带，钨矿资源也非常丰富。在红军第三次反"围剿"期间，反动民团放火烧山，那里的矿工都被迫离矿避难了。毛泽民沿着山沟一路察看。几天下来，他摸清了仁凤山矿区的基本情况，并及时向当地苏维埃特支委员会和工会作出指示：立即组织矿工恢复钨砂生产；像"扩红"一样扩大工人队伍，发动在矿工人动员亲戚朋友、特别是技术熟练的矿工，迅速回矿参加生产；特支委和工会要关心工人的疾苦，尽量帮助他们解决实际困难；为调动矿工挖砂的积极性，苏维埃政府统一收购钨砂。如此，毛泽民先后恢复了上坪、庵前滩、吴山、蜈蚣山的钨砂生产，又在白鹅墟成立了白鹅洗砂厂，将收购的钨砂淘洗加工成钨砂精。

当年3月，中华钨矿总公司正式成立，先任命胡克功担任总经理。转眼8个月过去了，钨矿总公司的生产没有多大起色，这可急坏了财政部长邓子恢。他毅然决定撤掉胡克功，让毛泽民兼任总经理。

为了充分调动矿工挖砂的积极性，毛泽民一手抓公营矿场，一手将分散、个体的挖砂民工组织起生产合作社或作业组，由钨矿公司直接与合作社或作业组签订产销合同。当合作社"打疲货"，即没有挖到钨砂时，考虑到民工的生活，中华钨矿公司按《钨砂交售合同》，可提前支付70％的钨砂款，又称无息贷款，待挖到钨砂后逐步还清。

赣南山区道路崎岖，物资运输全靠人挑肩扛。中华钨矿公司靠苦力运输，工会组织了100多人的运输队，专门负责运输钨砂和矿山的生产、生活物资。江口外贸

▷ 铁山垅公园里的毛泽民纪念亭

分局有 20 条木船往返于白鹅墟、三门滩和江口之间，运送出口钨砂。

由苏区政府统一组织生产，统一收购钨砂，钨砂的销路有了可靠的保证，而且政府收购价格实惠，矿工多产砂，多挣钱，生产积极性自然提高，纷纷提出一项项好建议。

从 1932 年初铁山垅钨矿开工，至 1934 年 10 月中央红军被迫长征，中华钨矿公司发展到最大规模，仅盘古山、铁山垅、小垅三个公营矿场就有工人近5000 人。中央苏区共生产钨砂 4193 吨，出口总值达 400 多万元，增加了苏维埃共和国的财政收入，有力地支援了革命战争。

➡ 把贸易做到白区去

★★★★★

（36—38 岁）

1932 年 10 月，蒋介石集中 50 万兵力开始对中央苏区进行第四次反革命"围剿"，同时加紧经济封锁，企图使中央苏区军民"不能存一粒米、一撮盐、一勺水的补给"，造成经济枯竭，无法生存下去。严密的经济封锁给中央苏区造成的困难越来越大。农民分得了土地，生产出来的稻谷、花生、大豆等农产品卖不出去，价格一跌再跌，而苏区的食盐、洋布、煤油、西药等工业品，十分奇缺，价格越来越高。当时流行一句话："有人拿走一粒盐，店主赶过三家店。"由于工业品的缺乏，严重地影响了群众的生产和红军的给养。

这时，临时中央在上海难以立足，那里的领导人陆续转移到中央苏区。在违背党的组织原则的情况下，博古直接领导中央苏区的工作。2月中旬，他们把在长汀福音医院休养的毛泽东召回瑞金，主持临时中央政府的工作。

毛泽东从健全领导机构着手，首先使人民委员会的机构正常运转起来。一到瑞金，他便主持人民委员会常会，呈请中执委批准设立各级国民经济部，并委任财政部长邓子恢兼任中央国民经济部长。他和项英等联名发布临时中央政府告群众书，号召苏区民众，在中央政府领导下，用一切力量帮助前方红军粉碎国民党军队的大举进攻，同时加紧春耕，设法输出本地土产、输入油盐洋布，并集股组织消费合作社，有组织地进行买卖，来打破国民党的经济封锁。

毛泽东非常重视对外贸易工作。他号召各级经济部门，有计划地组织人民，发展对外贸易，把粮食、钨砂、木头、樟脑、纸张、烟叶、夏布输出到白区去，卖得适当的价钱，从白区购买必需品，如食盐、布匹进来，分配给人民，打破敌人的封锁。为此，国民经济部采取了许多灵活政策，鼓励白区商人到苏区来做生意，从苏区秘密派人到白区开设商店和采购站。在各级苏维埃政府的具体指导下，中央苏区出现了群众性经济建设热潮。

根据毛泽东的指示，国家银行将筹集的 300 万元经济建设公债作了统筹安排：100万元供给红军作战费，200万元借给合作社、粮食调剂局、对外贸易局作本钱。钨砂出口是对外贸易的重头戏，毛泽民甚至亲自出马来做。

在旧中国，国民党政治腐败，许多军政要员都有自己的买卖。广东军阀陈济棠，既炒黄金，又收钨砂。粤军第一军军长余汉谋、师长李振球也曾经营钨砂，还成立了"双田公司"，后来，被蒋介石发现才被迫停止。

那时，粤军第一军第一师驻防赣州城，师长李振球在城内最大的利民百货商场有80%的股份。国民党实行食盐、煤油公卖后，利民商场仍在大量私卖煤油。毛泽民了解到，李振球的外甥是赣州城"广益昌"店的少老板，专门为陈济棠和李振球炒黄金，收钨砂。毛泽民通过地下党的内线，很快便吊起"广益昌"少老板的胃口。

陈济棠、李振球听说又有新的财路，立刻派手下的亲信与红军进行秘密谈判。毛泽民也来到赣州城，亲自部署钨砂出口事宜。他嘱咐我江口分局，务必利用粤军急于发财的想法，尽量抬高钨砂的售价。经过一再讨价还价，我方硬是将钨砂价格从最初的每担8元抬高到52元。

李振球在赣州做上钨砂生意后，驻扎在城外的其他粤军军官也都急红了眼。他们不甘落后，纷纷同当地商人合伙，也与苏区做起买卖来，用食盐和布匹交换苏区的钨砂和农副产品。其中，"胜记布庄"一次就给苏区运来300卷棉布，合3万多尺。

当年，中央苏区外贸总局在江西的江口、会昌、吉安和福建汀州设立了4个外贸分局。江口分局是最大的分局，承担着赣南各县和中央政府各机关所需70%以上的物资采购任务。而江口距赣州城太近，敌人随时可能发动突然袭击。毛泽民亲自来到闽西，为钨砂出口寻找到新的渠道。

1933年11月，国民党军第十九路军蒋光鼐、蔡廷锴联合李济深发动"福建事变"，表示愿意与中国共产党联合反蒋。苏区外贸总局与第十九路军福建人民政府建立了通商关系，很快成立了"中华实业有限公司"。中央苏区生产的钨砂，被贴上印有"国防物资"的大封条，由当地民团头子派人护送出境，换回了根据地急需的食盐、布匹、西药、煤油、纸张，还有白花花的银元。

1933年9月开始的中央苏区第五次反"围剿"，由于"左"倾路线领导人的错误指挥，红军一再失利，苏区财政经济每况愈下，纸币流通受阻，信誉严重降低。毛泽民虽然无力从根本上改变滥印票子的做法，但作为国家银行行长，他必须竭尽所能，维护苏区货币的信誉。

为此，毛泽民亲临前线筹集物资，还请外贸总局到白区去组织货源。回到瑞金后，他指示金库拿出现洋，按1元苏区纸币兑1元现洋的比价，进行公开兑换。告示贴出后，群众排着长队，争相抢兑。两天过去了，眼看着银行库存的现洋所剩无几，大家都很担心，几次请示毛泽民，是不是停止兑换。毛泽民却态度坚决地说："现在群众兑换光洋的势头正高，不能停兑！我们换出光洋是为提高纸币信誉，只有提高纸币的信誉才能稳定苏区金融。"3天后，外贸总局从白区搞来一大批百货。各消费合作社大量出售日用品、布匹和食盐。国家银行又贴出告示：合作社出售的所有货物，只收苏币，不收现洋。群众又纷纷争兑纸币，购买急需。结果，银行收回的现洋比兑换出去的还要多。

→ 长征路上的"扁担银行"

★★★★★
（38-39 岁）

1934 年 10 月中旬的一个傍晚，中央红军先头部队跨过于都河，拉开了后来震惊世界的二万五千里长征的序幕。

在突围前 5 天，毛泽民才得到转移通知。他紧急组织国家银行的同志捆扎好转移所携带的财物，落实人员编组，准备好扁担、箩筐等全部运输工具。隶属于中华苏维埃政府的国家银行，被编为中央纵队第十五大队，由袁福清任大队长，毛泽民任政委，另外配备了一个警卫连。他们从瑞金云石山下陂子村出发，踏上漫漫长征路。

尽管按照毛泽东的意见，毛泽民已经把金库中的大部分"家当"分给各军团保管使用，但由于"左"倾路线领导人实行坛坛罐罐"大搬家"式的转移，第十五大队出发时，仍配置了一百多副担子，其中有：两担黄金、几十担银元、几十担纸币、四五担银毫和铜币以及印钞的石印机和油墨、纸张等。这些都是毛泽民担任国家银行行长近三年时间，辛苦积攒下的最后的家底儿。第十五大队被视为中央红军的命根子，前后左右都有红军部队保护着。

在长征途中，第十五大队一直履行着国家银行的职责。全军的经费开支由没收征发委员会和国家银行供给。供给部长林伯渠是没收征发委员会主任，毛泽民是副主任。长征出发时，林老已经年近半百，虽然须发灰白，还戴着深度近视眼镜，但他精神矍铄，老当益壮。毛泽民更是主动争挑重担。

俗话说，远路无轻担，千里之行不带针。在长征开始的前 3 个月里，红军日夜兼程，一路强行军，几乎就没有停过脚步。第十五大队的运输员们每人挑着六七十斤重的担子，走的又是山间小道，劳累和辛苦可以想见。而其中最忙碌、最辛苦的还要属毛泽民。他跑前跑后，全力照顾着犹如长龙的"扁担银行"。每逢翻山越岭，他都最先爬上去，站在高处给同志们加油。遇到过河，他总要自己先去趟水试试深浅。有些运输员身体不好，他就接过担子，挑过最艰险的一段路。到了宿营地，他还要烧热水让大家烫脚解乏，布置警戒，时刻保卫"扁担银行"的安全。

长征前，毛泽民连续三年患恶性疟疾。讨厌的阑尾炎后遗症又时常折磨着他。长期奔波不定的生活，又使他患上严重的胃病。进入中央苏区之前,他还在上海做过手术。部队进入云贵高原后，在一次翻山途中，因肩上的担子过重，毛泽民累得口吐鲜血。

有人曾这样说：毛泽民率领的是一支特殊的红军部队，几万红军天天在流动，没有根据地，天天都要解决吃饭的问题。毛泽民的职责不亚于前线的军团长和政委。他们挑着国家银行的全部家当，支撑着中央红军走过万水千山。

红军通过国民党军三道封锁线后，蒋介石才判明中央红军主力西进，要与红二、六军团会合的意图。他在湘江一线，调集40万重兵布下了第四道封锁线，如同一张天罗地网，只等着红军钻进去。

　　血战湘江，红军几乎濒于绝境，出发时的8.6万余人，到此锐减为3万多人。红军到达湖南潇水时，若不是接受毛泽东的建议，部队实行了轻装，第十五大队也把印钞机和笨重物资抛到江里去，红军在湘江战役中还不知道要遭受怎样的灭顶之灾。

△ 中央供给部长林伯渠（左）与国家银行行长毛泽民（右）在交谈工作（塑像，在遵义）

在中国革命的危急关头，毛泽东向中央政治局提出，部队应该放弃原定计划，改变战略方向，到敌人力量薄弱的贵州去！这时，博古、李德已因湘江失败而垂头丧气，红军的指挥任务已转移到周恩来的肩上。周恩来赞同毛泽东的主张。党中央在贵州黎平召开政治局会议，决定强渡乌江，建立以遵义为中心的川黔边革命根据地。

1935 年 1 月初，中央红军挥戈西指，强渡乌江天险，将追赶红军数月之久的国民党薛岳部，甩在了乌江对岸，不仅完全打乱了蒋介石的得意部署，而且连战连胜，全军上下军心为之一振。1 月 7 日凌晨，红军先头部队占领了黔北重镇遵义。

遵义是贵州省一个较大的行署，经济、商业都比较发达。这里的军阀、官僚、地主、奸商相互勾结，尤以贵州省主席、军阀王家烈的势力为最雄厚。王家烈在当地开烟馆，贩烟土，囤积食盐，人民处在水深火热之中。

红军进城后，没收了很多食盐，仅王家烈所经营的盐行里，就有价值几十万元的食盐。红军还没收了王家烈囤积的大量的"白金龙"牌香烟。毛泽民和林伯渠商议，决定将没收的食盐和香烟公开向群众出售，而且只收中华苏维埃银行的纸币。

为了方便群众兑换苏区纸币，国家银行张贴出安民告示，在遵义城里设立了 6 个兑换点。为方便驻扎在城外的红军部队购买东西，还在遵义周边的桐梓、绥阳、鸭溪、团溪、龙溪、余庆、湄潭等地设立了 19 个兑换点。红军不仅买卖公平，苏维埃纸币的面值还与光洋相当，大小商人都十分满意。

在遵义，忍饥挨饿、长途跋涉了 3 个月之久的红军指战员们，好不容易得到一次休整机会，手中被"冻结"的"红军票"重新恢复了它的价值。洋货铺里的胶鞋、毛巾被"抢购"一空。书店里的新旧图书、铅笔、抄写簿也所剩无几。城里的面馆、酒楼，无不利市三倍。遵义的酒店多为四川风味，且价格低廉，回锅肉、辣子鸡以及各种泡菜，更是让红军官兵大饱口福。

正当毛泽民为财政经济工作通宵达旦地忙碌时，具有伟大历史意义的中共中央政治局扩大会议，在红军总司令部驻地紧张地进行着。遵义会议依据民主集中制的原则，确立了毛泽东在红军中的领导地位。随后，又成立了由周恩来、王稼祥、毛泽东三人组成的军事指挥小组，负责指挥军事行动。

遵义会议期间，蒋介石又作出新的部署，调集40万兵力，企图将3万多中央红军围歼于乌江西北地区。局势变得更加严峻。根据毛泽东的战略部署，中央红军决定放弃遵义，以出其不意的大踏步的前进和迂回，来摆脱追敌。

然而这时，还有许多"红军票"在商家和老百姓手里。毛泽民与林伯渠商量，必须迅速兑回这部分"红军票"，否则会影响红军的信誉。于是，国家银行开设了几个临时兑换点，贴出安民告示，仍然按照一比一的比价，用光洋和食盐等兑换、回收"红军票"。

由于时间紧迫，毛泽民亲自挑着大洋，送到各兑换点。为了避免群众拥挤，国家银行的同志还专门找了带通道的、前门进后门出的房子作兑换处。红军很快完成

红色共和国的"大管家"

了"红军票"的回笼工作。一直到部队全部撤出遵义，国家银行的同志才随之离开。

1月19日，中央红军离开遵义，移师北上。根据敌情的不断变化，毛泽东采取高度灵活的运动战方针指挥红军四渡赤水，于5月初巧渡金沙江，完全跳出了数十万敌人围追堵截的包围圈，取得了战略转移中具有决定意义的胜利！随后，红军绕道西昌，到达泸沽，通过彝区，强渡大渡河，突破国民党军的天全、芦山、宝兴防线。先头部队于6月12日在北进懋功途中，与红四方面军一部会合。

在爬雪山过草地最艰苦的日子里，毛泽民更加关心身边的同志。他的马匹经常让给有病、体弱的同志骑，或借给收容队。过马河坝雪山时，他实在支持不住了，硬是被同志们扶上马。就这样，他还叫一位体弱的小同志拉着他的马尾巴，一起翻越雪山。毛泽民还把自己唯一的毯子送给生病的同志，自己只穿着一件皮背心。他的一双脚裂开了好几道口子，沾满鲜血的足迹印在雪山、草地上……

在苍凉之地书写传奇

（1935—1937）

→ 国民经济部部长

★★★★★

（39 岁）

1935 年 10 月 19 日，陕甘支队到达吴起镇。党中央决定将陕北作为中国革命的大本营。然而，此时的红军仍然处于危机四伏的境地——东边是阎锡山的晋绥军，西边有马步芳、马鸿逵的"马家军"，南边是杨虎城的第十七路军，陕北则是迎面"进剿"的张学良的东北军。蒋介石在西安成立了西北"剿共"总司令部，自任总司令，统一指挥陕甘宁青四省国民党军几十万人马，以"一困、二剿、三消灭"的战略，妄图聚歼历经千山万水已经人困马乏的只有两万多人的红军。

红军要在陕甘地区建立根据地，经济情况更是不容乐观。茫茫无际的黄土高原，沟壑纵横，交通闭塞，有些地方连人畜饮水都很困难。在国民党军阀的苛捐杂税与豪绅地主的高利贷高地租的残酷剥削下，陕甘群众的生活困苦不堪。陕北都是一些小村庄，一下子来了这么多的红军，要吃一顿极普通的饭都办不到，甚至连喝稀糊糊的碗也不够用，只能把一些破碗和废瓦片收集起来当"餐具"。第十五大队从中央苏区一路挑来的几十担"家当"，到陕北已经所剩无几。先期到达陕北的红十五军团军团长徐海东慷慨解囊，从仅有的 7000 元大洋的家底中，毫不犹豫地拿出 5000 大洋，送给党中央，就这样也难以解燃眉之急。眼看进入寒冬，红军官兵衣衫褴褛，很多人还打着赤脚，怎能抵挡得住大西北的严寒！

党中央和红军又一次决定选择毛泽民，任命他为国民经济部部长兼贸易总局局长。在毛泽民的统一指挥下，贸易总局、工矿科、农牧科及合作总社，即刻紧张有序地运转起来。

陕北生产棉花，但要解决几万红军的穿衣还远远不够，要到关中的韩城、澄城、蒲城一带去采购。而关中一带有国民党部队严密把守，即使采购到布匹和棉花，想要运回陕北也不是一件容易的事情。

在国民经济部召开的动员会上，毛泽民要求外贸局的同志们："我们必须突破封锁，深入到敌占区，尽快把布匹和棉花搞回来，这是党中央交给我们的艰巨任务！"他还风趣地向大家介绍了当年他在白区与国民党特务智斗的经验。他告诉同志们："面对敌人，我们不仅要勇敢，还要有智慧，要学会随机应变。"

按照毛泽民的部署，外贸局的同志很快行动起来，一部分人秘密南下到关中一带，去采购布匹和棉花；另一些人去寻找关系，打开运货的通道。侦察回来的同志汇报说，陕北清涧对岸的黄河渡口，敌人的兵力相对比较薄弱，从关中采购的大批货物绕道山西，顺河东北上，从清涧运过黄河比较安全。

毛泽民来到清涧，通过驻在这里的红军部队，在黄河西岸的马花坪村建立了一个转运物资联络处。联络处很快就与河东岸阎锡山部队的守敌营长拉上了关系。守敌营长经常趁着夜深人静，悄悄地摸过河来打牌。这边有时故意输给他，甚至他输了牌，也不让他出钱。敌营长每次回去，还给他带上烟叶、烧酒等土特产……所有这些都是毛泽民布置的"圈套"，叫做"收买与教育"相结合。

就这样，从关中地区采购的3万多匹棉布和大量的棉花，被源源不断地运回陕北。国民经济部动员边区的广大妇女，不分昼夜，飞针走线，为红军部队赶制了近万套棉衣。

陕北的冬天寒风刺骨，过冬的柴草严重不足。毛泽民得知，瓦窑堡附近就产煤，安定和永坪的煤炭在陕北还很有名。他立即派工矿科的同志，去管理和扩大这两个煤窑，经过整理和开掘，生产的煤炭基本保证了中央机关和当地群众的锅灶之用。

毛泽民一向严格律己。在为红军解决冬衣奔波时，他仍是一身单衣，外面套着长征时的一件羊皮坎肩，赤脚穿着草鞋，冻裂的伤口在雪地上留下斑斑血迹。由于煤炭紧缺，他规定部队一律不许烧煤取暖，自己更是严格执行，奔劳一天后，晚上继续在冰冷的窑洞里办公。警卫员看不过去，一天偷偷地烧了热炕。毛泽民一进屋就发现了，立刻让警卫员把火灭掉，说我颁布的规定，自己就必须带头执行。

陕北过去不产纸张。而红军无论是机关办公，还是指战员学习，都离不开纸张。毛泽民得知，在瓦窑堡下川的吴家坪有一间小小的造纸作坊。他立刻找来林伯渠的马夫周仁。在中央苏区时，周仁曾在造纸厂工作，因为长征路上无纸可造，便跟了林老。毛泽民限定周仁一周内拿出各种纸型，还要拿出与造纸作坊扩大合作和改造工艺流程的意见。

为了寻找造纸原料，工矿科的同志积极发动根据地的广大军民，把搜集到的麻绳头、旧鞋底儿、桑树皮、旧报纸等"破烂儿"，统统送到造纸厂。毛泽民还通过敌战区的商人，为根据地运送造纸原料。经过改造的造纸厂，当年年底便投入生产，仅3个月，已经生产纸张400余刀。这个小小的造纸作坊，后来发展成有30多名工人的中央造纸厂。

陕北盛产羊毛，也产棉花。毛泽民利用当地的资源和劳动力，大力发展纺织及各种小手工业生产，解决边区人民的穿衣问题。外贸局将收购的2万余斤棉花发给群众，组织他们纺纱织布。国民经济部在瓦窑堡创办了一所西北纺织速成学校，培养了一批纺织干部。他们被派往各县，帮助建立纺织工场，组织当地群众学习纺织，生产自救。

数千红军涌入陕北，蔬菜供应是大问题。毛泽民动员说："国民经济部虽然不能保证蔬菜供应，但能发动大家种蔬菜，村前村后的空地都可以利用起来。每逢星期六下午，瓦窑堡的机关干部和红军战士就扛着锄头、铁锨，在村前屋后和附近的河滩上开荒种菜。老百姓热情地送来菜秧和种子。

在国民经济部的帮助和带动下，根据地的军事工业，如兵工厂、被服厂等生产能力大大提高。榨油、染布、熬硝制盐、粮食加工等小手工业也迅速发展起来。国家银行西北分行为发展小手工业提供贷款，促进了边区经济和贸易的繁荣。

→ 向 "枯竭" 的老井要石油

（39岁）

中国地大物博，各地都有独特的资源优势。当年赣南的钨矿就是中央苏区解决经济困难的一个聚宝盆。荒凉贫瘠的陕北黄土地到底有什么资源优势？在选择工矿科长时，毛泽民有意要选一位比较成熟的当地同志负责工矿科的工作。

前来报到的工矿科长叫高登榜，是陕北延川县人，时任西北工作委员会技术处党支部副书记。毛泽民先是详细询问了陕北都有什么土特产，如粮食、油料、食盐、矿产等等，然后对高登榜说："你的任务，首先是整顿管理安定和永坪两座煤窑，把煤挖上来，运到这里，让家家户户都能烧水做饭。第二，听说陕北还有个油矿，要尽快把油矿的情况了解清楚。"毛泽民三言两语，便把工作任务交代得一清二楚。

陕北延安一带有石油的记载可以上溯到两千年前的汉代。当时延安叫高奴县，延河叫洧水。东汉史学家班固在他所著《汉书·地理志》中就写下："上郡高奴有洧水，可燃。"北宋时期，延安叫鄜延路。宋代著名科学家沈括在担任鄜延路经略史时，对延安一带进行了周密考察，也得出鄜延境内有石油的结论。

1907年6月5日，中国第一口油井在延长县西门外开钻，历时3个月，当深度钻到69米时，井中见油，钻到81米处，完井，日产原油可达1吨至1.5吨。当年，延长石油厂炼出的煤油送到西安，煤油汽灯光亮耀眼，好似黑夜中的小太阳，曾一时轰动了西安城。然而，在红军到达陕北之前，国民党资源委员会认定陕北石油蕴藏量有限，已将石油勘探和生产的重点转至新发现的甘肃玉门油矿。

陕北不仅有石油，还有国民党政府遗留下来的小型采油和炼油设施，油矿的规模虽然不大，若能恢复生产，也足够苏维埃政府机关和红军使用的。毛泽民吩咐高登榜，立即前往延长油矿，详细了解生产现状和人员情况。

当毛泽民得知，中央红军进驻瓦窑堡时，当地苏维埃政府将国民党矿产资源委员会的20多名石油技术人员全都关押起来时，很恼火。采油和炼油是一项技术含量很高的工作，得不到工程技术人员的帮助，将一事无成。他立即提笔给中华苏维埃西北办事处主席博古写信，请求释放这些技术人员。博古很快作出"同意释放"的批示。

在毛泽民和当地苏维埃政府的关怀下，获释的技术人员洗澡、理发，换上了干净衣服，还分配到了窑洞，解决了吃饭问题。毛泽民决定，给大家放假一周，愿意留在矿上继续工作的，共产党热烈欢迎。毛泽民又把延长油矿原勘探处事务所所长严爽请到瓦窑堡，与他进行了长时间的交谈，还任命他为延长油矿技术矿长。严爽深受感动。回到延长后，他即着手组织技术人员和工人清理现场，整修设备，争取用最快的时间恢复生产。为加强对延长油矿的领导，毛泽民派高登榜兼任油矿行政矿长和支部书记。

油矿开工后，毛泽民专程从瓦窑堡来到矿上，同全体技术人员见面，请大家吃了一顿午饭，以表心意。他诚恳地对大家说："你们都是技术人员，为国民党工作已经是过去的事情。我们现在的工作就是多出油，支援红军打胜仗！"他端起酒碗，逐个给大家敬酒。

在工矿科的直接领导下，油矿职工自力更生，土法上马。没有吊车，他们就用手摇辘轳吊油；没有储油罐，

◁ 延长石油厂旧址

就砌石板池。奄奄一息的老油矿，居然很快恢复了产油。

　　把原油炼制成汽油和煤油困难也很多。矿上的炼油设备十分陈旧，一台老式锅炉，每周只能炼制一两炉成品油，还经常受到敌机的袭扰。毛泽民十分关心矿上的生产，几度来到油矿，鼓励工人和技术人员大胆进行设备和技术的更新改造。工人们不但修理好旧机器，还自己制造了锅炉、蒸馏釜和油管，发明了空中套井和钢丝打结法。当石油工人们赶着披红挂彩的毛驴，驮着汽油、煤油和油墨、石蜡、凡士林等石油产品到瓦窑堡向党中央报捷时，毛主席异常兴奋，连声称赞。

　　红军初到陕北时，中央机关夜晚照明点灯用的是蓖麻油，如今用上了油矿自制的"洋蜡烛"。据说，毛泽东通宵工作，总要到第二天凌晨4点钟以后才休息。开始，毛泽东点的是小油灯，一夜工作下来，脸上被熏得黑黢黢的。自从有了"洋蜡烛"，每天晚上，警卫员就在主席的办公桌上点亮两支蜡烛，等六支蜡烛点完了，天已蒙蒙亮了。

　　毛泽东率领红军主力出征到达延长县城时，亲自到油矿视察。他认真观看了采油和炼油的全过程，还把采油工人请进窑洞促膝谈心。为了给毛主席接风洗尘，石油工人们一定要请毛主席吃一顿矿上的"家常饭"。矿长高登榜记得毛泽民曾经说过，湖南人喜欢吃狗肉，就建议焖一大锅狗肉请主席吃。当热气腾腾的辣椒炖狗肉摆上饭桌时，毛主席胃口大开。他用地道的家乡话对坐在身边的毛泽民说："这是我来陕北后吃的最好的一顿饭！"

　　毛泽东到达延长县时，恰好下了一场大雪。遥望着千里冰封、万里雪飘的北国风光，毛泽东胸中涌动着怀思千古文明的巨澜，他以"数风流人物，还看今朝"的恢弘气魄，写下了一生中最杰出的诗篇——《沁园春·雪》。毛泽民虽然没有毛泽东那种独领风骚的诗人情怀，却靠脚踏实地的艰苦工作，为刚刚结束万里征程的党中央和红军提供了最基本的物质保障，使数万红军在陕北扎下根来。

→ 靠山吃山，靠盐吃盐

★★★★★

（40 岁）

1936 年 5 月 18 日，毛泽东、周恩来、彭德怀联名发布西征战役计划，率 1.3 万红军组成红军西北野战军，进行西征，打击宁夏"二马"，在陕甘宁三省边界地区创建新苏区。

西征战役历时两个多月，在陕甘宁三省边界开辟了纵横 200 余公里的新苏区，为策应红二、四方面军北上，实现三大主力红军会师创造了有利的条件。党中央决定派董必武、李维汉、毛泽民、贾拓夫等同志到定边成立三边（即：安边、定边、靖边）特委，开展三边、宁夏和内蒙古伊克昭盟的工作。

在陕北与宁夏、内蒙交界处，食盐、毛皮、甘草"三宝"是主要出口物资。红军占领盐池、定边后，毛泽东、周恩来、博古即电令红二十八军军长宋时轮、

△ 1936年毛泽东在陕北保安

政委宋任穷，注意保护盐池。西北办事处决定，由毛泽民率领经济工作团，前去统一领导新区的食盐生产与贸易工作，积极组织运输食盐和其他农副产品出口。

7月5日，毛泽民率领经济工作团来到定边。刚一安顿下来，他就一路笑声地走进地区商会，与那里的周会长亲切地攀谈起来。在此之前，由于宣传工作没有跟上，当地群众对红军的政策不了解，加之商会摊派筹款，在群众中造成不好的影响。在交谈中，周会长见这位红军首长态度诚恳，买卖在行，讲话入情入理，很愿意和他交朋友。

听说红军要购买咸盐，周会长连忙摆手说："咸盐可用不着在这儿买，从定边往西约80华里有个盐场堡，那里的咸盐可多了，只要赶着牲口走一趟，要多少有多少！"

闻听此言，毛泽民异常兴奋。当年在中央苏区，红军和群众饱尝缺盐之苦，只能熬硝盐，甚至要冒着生命危险到白区去搞盐。从周会长那里出来，毛泽民立刻带着工矿科长高登榜来到盐池县。

每年七八月间是产盐最好的季节。毛泽民走进洁白晶莹的盐场，眼界大开。也许是红军扎根陕甘宁，大自然给予的特别眷顾，在质朴敦厚的黄土地下，不仅埋藏了黑色的石油，还镶嵌了一个取之不尽、用之不竭的银色的"聚宝盆"。

长期从事党的经济工作，毛泽民练就了一双发掘财源的慧眼，既然食盐的资源这样充足，我们就要紧紧抱住这个"聚宝盆"，把盐运出去，以此筹集钱款，使盐业生产成为边区经济的重要支柱。在周会长和当地商人的帮助下，仅用了两天时间，经济工作团就采购了大量的布匹和百货。毛泽民紧急调来20多峰骆驼，派专人把布匹和百货押送回保安。

在到达盐池县的当天，毛泽民即对发展食盐贸易的相关政策提出意见，起草了《处理食盐、布匹，巩固苏区金融的具体办法》。毛泽民的意见得到西北办事处领导人的高度重视，很快就以"中华苏维埃共和国中央政府西北办事处布告"的形式公布，在定边、盐池的交易市场以及各县、乡合作社的门前广为张贴。

《布告》明示：取消帝国主义、国民党军阀的一切苛什盐税，只须缴纳一定的盐价，即可到处运售；各县、区苏维埃政府应帮助群众设立消费合作社或运盐合作社，除按群众需要的数量驮取外，必须多运食盐到白区换取大宗布匹和群众必需的工业品；凡在苏区内出卖食盐、布匹等，一律使用苏维埃纸币，严禁收取白票（即法币）或现洋，不得故意高抬市价。违者，除予以相当处罚外，立即停止其在盐池购买食盐。

"共产党不收盐税！可以随便运盐啦！"好消息一传十，十传百，布告前围满了远道而来的盐商、盐贩，还有许多当地的老百姓。大家都称赞共产党的政策好！

盐池全县有 5 个大盐池，其中 3 个池产盐，但都控制在汉人豪绅和蒙族豪绅手中。在国民党高额盐务税的压榨下，盐工受到残酷剥削。

毛泽民到盐池县仅几天时间，就接收了汉地盐业公司，组织盐场民工和农民开采盐矿，发动商人贩运食盐，天遂人愿，一个月内即生产食盐二三十万驮。同时，毛泽民又去接收蒙人的北大池和狗池盐场。为了团结蒙民共同抗日，他与西征红军政治部商定，把北大池和狗池盐场交给蒙民管理，搞联合经营。毛泽民积极鼓励根据地军民多打盐，运往东北军和西北军的辖区扩大出口贸易，用食盐换回了根据地红军所需要的粮食、布匹、医药等物资。在毛泽民的积极倡导与推动下，盐池、定边的盐业生产和食盐贸易如火如荼地开展起来。

这时，国民经济部所属外贸总局也有了很大的发展，先后设立了陕南、宜川、安塞、绥德、清涧、定边等6个分局。运输队拥有30多头大牲口——骡子，经济工作团还没收了豪绅盐霸100多峰骆驼，组织成浩浩荡荡的贸易运输队。边区每年的盐业收入要达到100万元，这对边区来讲是一笔不小的收入。

陕甘宁边区苍凉的黄土地，同样给毛泽民提供了施展经济才华的大舞台。他紧紧抓住石油、食盐这一黑一白两大经济命脉做文章，依靠组织消费合作社帮助边区人民克服暂时困难，改善生活条件。最初，全边区只有几个不健全的消费合作社，一个食盐合作社，仅仅过了3个月，消费合作社和生产合作社就如雨后春笋一样建立起来。

据一些老红军回忆，当年，在西北办事处机关里也有一个消费合作社，那是机关工作人员偶尔改善生活的好去处。合作社兼开饮食店，在那里可以买到酒，吃到肉丝面和肉包子以及食堂里根本看不到的荤菜。革命老人谢觉哉就是合作总社最早的负责人。谢老经常在机关合作社里"站柜台"，亲自卖东西给大家。

一次，合作社弄到一些小碗肉，1毛钱一碗，还带有两个馒头。消息一传开，大家争着购买，把合作社的大门都挤坏了。目睹此情此景，时任国家银行行长的林伯渠老人感慨地说："还是东西太少了，要不，怎么会这样呢?！"

由于大力开发盐业生产和土特产品贸易，促进了边区的物资流通，边区的经济很快活跃起来，边区军民的生活得到进一步改善。

1936年11月，著名女作家丁玲从国统区来到陕北苏区首府保安。毛主席在机关合作社请她吃饭，有猪肉炖土豆，有鱼，有鸡，还有一盘白馒头，饭菜的品种已经丰富多了。

奉命转运巨额国际援助

★★★★★

（41 岁）

进入 1937 年后，毛泽民忙碌的身影却在陕甘宁边区突然消失了。原来，一项神秘而又重要的使命又落在了他的肩上。

中国工农红军长征到达陕北后，莫斯科一直关注着这支队伍的动向，并计划向处于极度困境中的中国红军提供一批急需的武器和弹药。其中一部分款项已于 1936 年底汇到上海——宋庆龄领导的保卫中国同盟，由宋庆龄转交给在上海的中共代表，很快便转送到陕北。

共产国际最初的计划是从距离陕甘宁根据地较近的中蒙边界提供军援。1936 年 10 月下旬，红四方面军主力西渡黄河，只过去 2 万余人，黄河渡口便被胡宗南 10 余万大军切断。渡河部队成为一支孤军。鉴于日军的侵略魔爪已经深入内蒙，打通北面通道已不可能，莫斯科便改为从新疆方向提供军火。而西路军的失败，使苏联提供军事援助的可能性越

在苍凉之地书写传奇

来越渺茫。

1937年3月初，在得到苏联最高领导层正式批准后，共产国际执委会书记处致电中共中央书记处：苏联已经决定一次性向中共提供80万美元以上的援助。电报还说，以后还将进一步向中共提供大约与此数目相同的另一笔援款。不久，一笔凝结着国际工人阶级深情厚谊的巨额美钞，从法国秘密地运到上海。

共产国际的巨额援助，对于处在艰难图存、渴望壮大发展的中国共产党人来说，无疑是雪中送炭。然而，要使这笔巨款发挥作用，必须先兑换成国内通用的法币，然后从上海汇往西安红军联络处，再采办部队急需的物资，转运各抗日根据地。

究竟派谁去能够把这笔巨款平安转到根据地呢？这个人首先是忠诚可靠的；要有在白区从事地下斗争的丰富经验；还必须熟悉和懂金融，善于运作大笔资金。党中央首先想到的是毛泽民。党中央书记张闻天亲自向他布置任务。同时党中央还指派国民经济部贸易总局局长钱之光、西北银行绥德分行行长任楚轩、西安红军联络处会计危拱之、国民经济部会计科长钱希均等，协助毛泽民执行这一特殊财政任务。

4月6日，毛泽民正在西安，也在西安红军联路处主持留守工作的叶剑英副参谋长和中央联络局局长李克农，交给他一封绝密电报。这封电报是中央军委主席毛泽东、中央军委副主席周恩来和中华苏维埃财政部长林伯渠联名从延安发来的。读着这封交代任务的绝密电报，毛泽民深感自己肩负的责任的重大。

毛泽民曾经设想采取"合法"的方式，在西安开设一个钱庄，按照钱庄的业务手续，将共产国际汇来的款项分期从上海汇寄西安。这种方法既安全又简便，但经与国民党有关部门交涉，未获批准。西安事变后，蒋介石虽然被迫表示抗日，但坚持反共的立场始终没有改变，于是，兑换和运送巨款的工作中共只能秘密进行。

几天后，毛泽民和钱之光等 5 位同志先后来到上海。在中共地下党组织的帮助下，毛泽民在市中心的泥城桥附近开设了一家申庄货栈，专营批发业务。他化名周彬，身份是货栈"老板"。钱希均自然成了"老板娘"。任楚轩担任货栈"经理"。钱之光名为"客商"，实为总管。

由于工作需要，毛泽民和钱希均在徐汇区愚园路永昌里租了一座独门独院的三层小楼，作为"公馆"。为了掩人耳目，他们将钱之光的女儿钱宛正从浙江诸暨老家接来，在公馆当"用人"。钱之光和任楚轩住在申庄货栈。危拱之住在她姐姐家里，她的姐夫是一位进步民主人士，可以掩护她的活动。

▷ 钱希均在西安

把这么多的外汇从银行兑换出来，再完整无损地送回西安，的确是一个难题。为了保证巨款的安全，毛泽民悉心琢磨着每一个具体环节。

正在这时，中共隐蔽战线的负责人李克农突然出现在"公馆"前，毛泽民夫妇欣喜万分，如同盼来了救星一样。李克农离开西安之前，周恩来专门叮嘱他，利用去上海的机会，做几件重要事情。其中就有与先期抵达上海的毛泽民商量，妥善运回国际巨额援助的事宜。

李克农与毛泽民严密细致地商量处理这笔汇款的办法，最后决定分散处理：首先将美元分批兑换成通行的法币，然后一部分经过上海银行汇给西安银行，一部分派人携带直接送到西安。具体分工是：毛泽民负责将

◁ 毛泽民在西安

美元巨款兑换成法币；任楚轩负责经营货栈，应付门面；钱之光、危拱之和钱希均分头将兑换好的法币，从上海秘密送往西安红军联络处。

李克农走后，毛泽民便带领大家投入到紧张的工作之中。20 年代中后期，毛泽民曾在上海从事党的出版发行工作，对十里洋场颇为熟悉。因为每次兑换的金额不宜过多，他频繁出入于证券交易所和银行营业厅，不时用美元购买公债、股票，不多时，又统统抛出，兑换成法币。当换来的钞票攒到一定数量，就由钱之光他们陆续送回西安。

钱之光是我党白区工作的里手，有丰富的对敌斗争的经验。从上海向西安运送钞票的任务，主要压在他的肩上。他一手提着皮箱，一手拎着镂空网篮，一副悠闲自得的样子，一眼看去，就是经常跑铁路做买卖的"老油条"。他的皮箱是特制的，有夹底，但钞票不宜装得太多。网篮虽然很不起眼，上面放些路上吃的东西和毛巾、肥皂之类的日常用品，下面却可装很多钞票。钱之光一次又一次巧妙地通过了车站警察的检查和国民党设置的关卡。

钱希均和危拱之两位女同志有时装扮成军官太太或阔商夫人，有时装作到西安古城烧香拜佛的"香客"。她们将钞票塞在装有高级衣料和化妆品的箱底，或是装着香烛和纸钱的网篮里。她们每次送款也是单独行动。出发前，毛泽民用暗语给西安红军联络处发电报，她们到时，联络处的同志就会直接把小汽车开到站台上。

1937 年 7 月 7 日，全面抗战爆发。毛泽民他们加快了工作节奏。经过 4 个多月的紧张工作，他们终于安全圆满地完成了任务。毛泽民安排钱之光等四位同志先后撤离上海。

8 月 13 日，日军以租界和停泊在黄浦江中的日舰为基地，对上海发动了大规模进攻。中国驻军奋起抵抗，在上海和全国人民的支持下，开始了历时 3 个月之久的淞沪抗战。11 月 12 日,上海沦陷,南京危在旦夕。沪宁线上大批难民逃往内地。此时的毛泽民还在忙碌,又有一项重要任务在等待着他——抢运一批爱国群众支援八路军的抗战捐献物资出来。

当毛泽民顺利完成任务,准备返回西安时,火车站里已全是逃难的群众,哭喊声乱成一片,车门被堵得严严实实。毛泽民急中生智,声称自己是新闻记者,要了解难民情况,揭露日寇罪行。他是从车窗口爬上西去的列车的……

主理新疆财政

(1938-1942)

➡ 摧枯拉朽，力整财政乱局

★★★★☆

（42-43 岁）

    1938 年 2 月 1 日，毛泽民夫妇乘坐苏联军事运输机经过漫长的戈壁飞行后，到达美丽的西域古城迪化（今乌鲁木齐）。毛泽民原本是去苏联学习、治病的，然而，他的西行之路却出人意料地在踏上迪化土地的那一刻戛然而止。

    原来，就在 5 天前（1 月 27 日），毛泽东和洛浦（张闻天）就从延安发电报给中央驻新疆代表方林（邓发）："毛泽民等到否，到时毛即可留任建设厅长，但需改名。"

    对于毛泽民出色的理财能力，新疆督办盛世才早有所耳闻。盛世才自 1933 年通过阴谋政变上台后，虽然巩固了在新疆的统治地位，但财政入不敷出，只能靠滥发纸币维持濒临崩溃的新疆经济。当他预先得知毛泽民将途径迪化，就已经打好"小九九"：把毛泽民留在新疆，既能帮助自己整顿财政，又是靠近延安、靠近毛泽东的极好机会。

1937 年 12 月，八路军驻新疆办事处在迪化正式建立。中共中央派政治局候补委员邓发出任中共驻新疆代表。新疆"八办"成为中共在新疆的指挥、联络中心，也是延安和莫斯科之间干部往来的中转站。而邓发到任不久，正努力打开局面，也迫切需要有得力的同志支持他。盛督办紧追不舍，邓发也不失时机地请示党中央。

　　苏联与中国新疆有长达 3000 多公里的共同边境。苏联从本国边境安全考虑，自然希望有个亲苏的新疆政府。盛世才心机诡秘，他知道只有打起亲苏反帝的旗号，取得苏联的援助，才能巩固自己在新疆的统治。1935 年，盛世才在联共党员和进步人士的帮助下，提出"反帝、亲苏、民平（民族平等）、清廉、和平、建设"六大政策，他的一系列做法迷惑了不少人，也赢得新疆各族各阶层人民的拥护。

　　由于新疆是国际交通要道，有关中共乃至整个中国抗战与共产国际的联系，在抗日民族统一战线中具有特殊的地位。既然盛世才强烈要求毛泽民留在新疆工作，毛泽东从战略全局出发，便用这难得的机会，顺水推舟，将毛泽民这枚最可靠的"棋子"放在这国际大通道上。

　　毛泽民抵达迪化 10 天后，即被盛世才任命为新疆省政府财政厅副厅长，同年 10 月，又代理财政厅长。根据党中央的要求，在新疆，毛泽民化名周彬，对外是盛世才政府的高级官员，对内是新疆"八办"的主要负责人之一。关于"到时毛即可留任职建设厅长"一事，只是盛世才出于最初的建议罢了。

　　从这时起，毛泽民在统一战线的特殊环境中，又开始了财政金融工作的新探索。经过两个多月深入实际的调查研究和艰苦工作，他基本掌握了新疆的财政金融状况。4 月 18 日，他以"建业"为名，致信张闻天和毛泽东，报告了新疆的财政现状和自己将要实施的整顿计划。在这封密件中，毛泽民首先披露了当时新疆财政的混乱情况，他写道："短短的 5 年工夫，乱发纸币，达 300 万万两省票（5000 两省票折合 1 元法币），外债合法币 2000 余万元……现在月收税款约 30 万万两，合大洋 60 万元；由田赋所征的一半以上粮食及牛马羊只，平均月值数万元或 10 万元以上。月有如此巨大收入，仅供给不到 4 万人的机关部队，要在陕北，大有余裕。这里负欠着大批债，弄得天怒人怨，今天无法支持。一方面过去反革命捣乱；另一方面，官僚腐化、贪污、浪费所造成……"

而毛泽民将要实施的治理财政金融乱局的具体办法，归结起来就是一句话——快刀斩乱麻，新起炉灶！那就是说：不再发旧省票，改发新大洋票；将省银行改组成为官商合办，发行钞票权归银行。这是一个摧枯拉朽的大手笔！

毛泽民的计划是首先征得中央代表邓发的同意，然后才向新疆省政府提出来的。起初，毛泽民的意见没有得到盛世才政府大多数当权者的支持和同意。苏联财政顾问还想在旧的基础上解决顽疾。

毛泽民开诚布公地对盛世才说："新疆的财政有两条道路，第一条是有求必应，日夜开动印钞机，无限制地开支，这是一条死路；第二是紧缩开支，节约使用经费，根据量入为出、重点使用的原则，恰当地发挥财政的力量，这是一条活路。"

毛泽民抓住盛世才整顿财政挽救经济危局的急切心情，提出了"发展经济，增加收入，开源节流，保证支出，量入为出，争取收支平衡"的财政工作方针。为了尽快摆脱窘境，盛世才很高兴地接受了毛泽民的意见。毛泽民提交的报告，他甚至一字不改就同意了。

然而，在财政金融改革的道路上布满了荆棘，首先是对财政厅"铁桶一般的"旧俗恶习的抵制。由于旧的用人制度和腐败的内部机制，那些已被留用的公务员工作能力和工作积极性都很差，以往的工作又毫无章则，一切必须从基础工作做起。

让毛泽民最为头疼的是，"要去整顿，独力难为"，就任几个月，他仍旧是个"光杆司令"。中央代表邓发那里的人手也很紧张，不曾给他派来一个干部。毛泽民只好请求党中央的帮助："设法给我十个党的干部（……必须有强有力的领导人，才能很快转变，起得作用）。"毛泽民还请领导长江局工作的周恩来副主席，在武汉等地聘请几位业务熟悉的会计人员以及有经验的银行人员，以便加强财政工作的力量。鉴于新疆财政管理无章可循，弊端丛生的现状，毛泽民迫切要求党中央向他提供陕甘边区政府的各种法令与章程，以作参考。

接到毛泽民的报告后，毛泽东进行了逐字逐句的阅读，不仅用蝇头小楷勾画出了信中的重点内容以及毛泽民的希望和要求，而且逐句作了标点，毛泽东还在来信的首页作了眉批："请陈云同志替他办，财政事情第一重要，不但那里好，将来也大有助于我们。"

当年 11 月中旬，党中央从延安派出的 23 名干部乘汽车到达迪化，其中有 10 名干部被分配到财政厅，毛泽民如愿以偿。

△ 1939年春毛泽民在新疆

进驻财政厅的 10 位干部，经过严格培训后，被安排到各地方税务局担任副局长。

1939 年 2 月，党中央又从延安抗日军政大学和陕北公学抽调一批学员，被充实到新疆财务税收部门。毛泽民委派忠实为新疆人民服务的共产党员，把住全省各财税关口，从组织上保证了新疆财政改革的顺利进行，打破了地方各自为政、盛世才独吞财政收入的局面，把有限的财力、物力用于发展新疆的生产建设上。

盛世才虽然害怕财权旁落，但财政困境已经危及到他的统治，他不得不借助共产党的力量扭转乱局。眼见得延安派来的干部不谋私利，生财有道，工作很有成绩，他又暗自高兴。

→ "财神爷"的三把火

★★★★★

（42—43 岁）

官商合办银行。

在历史上，新疆不同于内地省份，不允许国民党政府的法币在境内流通，省内没有设立中央银行

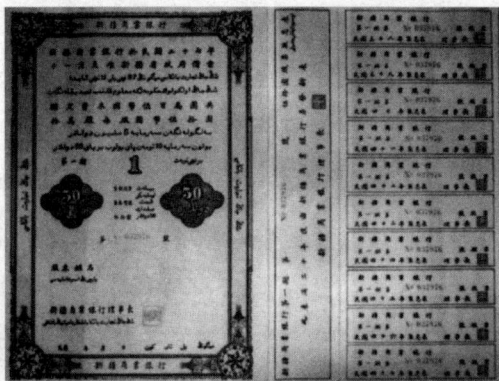

分行。隶属于财政厅的新疆省银行是以官僚资本为基础的，具有地方银行特色，又肩负"中央银行"职能，主要是为政府拨款服务，办理存款、放贷、汇兑、代理省金库和买卖生金银等业务，其他融资业务开展得很少，阻碍了新疆建设资金的筹集。毛泽民决心对旧有官办银行进行大刀阔斧的改革，使之成为官商合办的、为全疆400万民众之银行。

在1938年9月召开的第三次全疆各族人民代表大会（简称"三全大会"）上，毛泽民改组省银行的议案获得通过。会议期间，毛泽民利用各地代表云集迪化的机会，举办了别开生面的银行金银储备展览会，将库存的黄金、白银全部拿出来，让代表们参观，以提高商业银行的信用。

1939年1月1日，新疆商业银行正式挂牌。新疆商业银行设总行、分行和办事处三级机构，实行三级营业两级管理。在伊犁、塔城、阿山、阿克苏、库车、吐鲁番、和田、喀什、哈密等专区都设立了分行。

为减少省银行的官办比重，体现它的商业性，根据毛泽民的提议，商业银行设立了股东代表大会，实行理事会、监事会的管理体制。理事会负有立法、监督、发行之责任；监事会负监督审计之责。为管理和监督发行事宜，股东大会还设立了发行委员会。

为扩大融资，招募商股，毛泽民主持制定了《新疆商业银行认股简则》。商业银行首次发行的 10 万股股票，被认购一空。银行的资本金由改组前的 250 万元法币，一下增加到 500 多万元。银行开业仅半年，即获纯利 30.1 万元，较 1938 年同期增加了一倍。

统一全省币制。

由于新疆独特的地理位置，货币的种类非常复杂。以天山为界，南疆和北疆分为两个不同的货币区。北疆使用省票，南疆使用喀票（即喀什币）。除此之外，市场上还有清朝的铜板，北洋政府的"大头洋"以及天罡、元宝，甚至私人票号的纸币，形成杂乱无序的局面。

△ 新疆商业银行旧址（侧面）

△ 1939年2月1日，新疆省商业银行发行的新大洋

在历代军阀统治新疆期间，省票严重贬值，各族民众对所有纸币极不信任。制定合理的新省币（俗称新大洋）与旧省票、喀票及其他旧货币的兑换率，使握有各种钱币的新疆普通百姓的利益不受损失，是新省币能否顺利推行的关键。毛泽民召开理事会，认真研究、商定了新省币与各种旧币的兑换率。他们首先确定了新省币对法币的兑换率为 1∶1，又确定了新省币与省票和喀票的折算率。在币制改革过程中，新疆各族民众非但没有受到损失，还从中得到更多的实惠。

2月1日，即商业银行挂牌一个月，新省币就在全疆正式发行。新省币分为 10 元、5 元、3 元、1 元、5 角、3 角、2 角、1 角、5 分、3 分十种面值，背面印有财政厅代厅长周彬反背直书的亲笔签名，并印有维、蒙两种少数民族文字。新省币币值稳定，携带方便，深受各族群众的欢迎。他们再也不用扛着装满钞票的大布袋去市场上抢购东西了。到 1939 年底，流通于全疆的各种旧币全部回笼完毕。

为了排除法币对新疆财政的干扰，给币制改革创造良好的外部环境，新疆境内一直抵制法币在市面流通。新疆省财政厅、商业银行共同采取措施：准许用法币在全省各地购买公债、向商业银行入股，并准许在哈密缴纳税款，但不准法币在市面流通；中央政府归还新疆垫款汇入的法币先汇至陕甘等省，用以采办商品运进新疆。这些措施的实施使得法币在新疆市场上一度绝迹。

在毛泽民的具体指导下，新疆商业银行遵循"调剂金融，发展本省农牧工商各业"的办行宗旨，大力开拓金融事业，陆续开办了存款、放贷、汇兑、代理财政金库、发行纸币、买卖金银外币、承募公债、生产事业投资、杂项买卖、代理保险等十项金融业务。商业银行还不断出台新的储蓄种类，提供优惠政策，广泛动员各族民众踊跃储蓄。省银行改组前，各项存款总额仅有28.2万元法币。银行改组仅一年时间，存款总额猛增到543.1万元，增长了近20倍。由于储蓄存款大大增加，商业银行发放贷款的资金也变得充裕，而且支持了财政向银行透支，少发了票子，保持了新省币的稳定。

商业银行发行新省币必须有相应的硬通货作担保，这是保持货币稳定的重要物质基础。天山南北蕴藏着丰富的金矿。毛泽民在迪化成立了金矿总局，在伊犁、阿山、水西沟建立了金矿分局，积极组织民众到阿尔泰山开采金矿。财政厅明文规定，个人挖得的砂金，除交纳课金外，余下的可卖给政府，银行则大力配合收购，极大地提高了民众挖砂的积极性。毛泽民还主持制定了《新疆省限制金银出境暂行办法》，凡出境人员随身携带金饰品不得超过2两，银饰品不得超过5两。省财政厅还派稽查在新疆、甘肃两省交界的隘口星星峡设立关卡，严加管理，有效地堵住了金银外流的漏洞。

严格财政预算制度。

毛泽民主政财政厅后，全省财政状况有了明显好转，税收有了显著提高。1938 年的全年税收比上一年度增长了近 2 倍。

1939 年春天，在制定新疆第二期三年建设计划（1940 年至 1942 年）时，毛泽民特别强调"切实执行预算纪律，尽力节省，不超支，不浪费，要使每分钱的收入必须用于经济生产事业"，"应集中一切力量，加速各项经济事业之建设，生产机关扩大生产，经济机关发展业务"。

过去，在全疆收支总预算上，军费要占全疆总支出的 30%。为了压缩军费比重，毛泽民建议军队所需粮草由士兵自己种植，争取 3 年内军队用粮达到自给。他的提议当即遭到军政界很多人反对。毛泽民毫不退让。他列举了延安军民通过大生产运动，战胜经济困难的大量实例。对此，盛世才将信将疑，在派亲信到延安办事时，特别嘱咐暗中了解延安军队的生产情况。亲信回来后如实作了汇报。盛世才这才接受了毛泽民的建议。

公安管理处是盛世才豢养的特务部门。在预算中，他们对特务费总是提出过高的要求，遭到毛泽民的坚决抵制。他硬是将公安费在总预算中的比例由 20% 缩减到不足 10%，而用于农业、牧业、工业、交通、文化、卫生保健等方面的财政支出却大幅度增加。在毛泽民兼任迪化市政委员会主任期间，主持了不少市政建设项目，如修建了黄河路、扬子江路、镇江路、中山路，在乌鲁木齐河上增设了中桥和三桥，修建了和田街居民住宅。

毛泽民一贯坚持在财政上要量入为出，减少赤字。为考核收支总预算的执行情况，他要求财政厅将各机关部门，每月都要对新大洋发行数量和各项开支、收入情况进行详细的统计，所有统计报表他都一一过目审阅。在毛泽民主管财政期间，新疆全省的财政赤字由原来的40%逐步降到了30%以下。

→ 赴莫斯科执行特殊使命

★★★★★

（43岁）

进入1939年，整个欧洲大陆弥漫着战争的烟云。莫斯科首脑层最担心德、日两国联手发起进攻，使苏联陷入东西两线同时作战的不利境地。而新疆的情势令人担忧。新疆"八办"成立仅9个月，新疆督办盛世才与中共代表邓发之间即产生巨大的隔阂。这不能不引起莫斯科首脑层的高度关注。

1939年5月，毛泽民赴莫斯科学习、治病，其实肩负着党中央赋予的特殊使命，其中一项重要任务就是解决新疆"八办"领导人与军阀盛世才的矛盾问题。

毛泽民刚到达莫斯科，就接到中共驻共产国际代表任弼时的紧急指示，要他写一份详细的关于新

△ 1939年毛泽民在苏联

疆情形的报告。几天后，在苏联养病的八路军——五师师长林彪，又给毛泽民带回指示："随时准备去国际汇报新疆的最新情况。"毛泽民认真思考着新疆事态的变化。

新疆"八办"成立后，根据盛世才向莫斯科和共产国际的请求，中共首先派出二三十名德才兼备的干部，进入新疆文化教育、军事、民运、财政等机关。如原中华苏维埃国家银行行长毛泽民，化名周彬，任新疆财政厅代厅长；红军大学政治部主任徐梦秋，化名"孟一鸣"，任教育厅长；红九军团政治部主任黄火青，化名黄民孚，任新疆民众反帝联合会副委员长；海外留学归来的、原中共东京支部支部书记林基路，任新疆学院教务长。随后，又陆续有一批中共党员来新疆工作。中共在新人员在中共代表邓发的领导和苏联同志的帮助下，坚决执行党的民族统一战线政策，艰苦工作，他们所领导的部门在工作上都取得相对的成功。

盛世才感到自己手中已经有了政治资本，可以向莫斯科讨价还价了。1938 年 8 月，他以就医为名，秘密前往莫斯科，向斯大林要"党票"，要支援，却被斯大林一一拒绝。盛世才败兴而归，耿耿于怀。他认定中共代表邓发有野心，在捣鬼，要在新疆向他夺权。

这时，"三全大会"在迪化召开，会前会后发生的一系列的事情，更让生性多疑的盛世才怒火中烧。

大会召开之前，黄火青主持修改反帝会章程。在反帝会宗旨一条中，他写入了"依照孙中山先生的革命三民主义"的字样。盛世才心里很不舒服，他认为自己在新疆的地位是至高无上的。

大会开幕时，新疆学院的学生印刷了一本革命歌集在会上散发。歌集的封面上依次印有孙中山、蒋介石、毛泽东、朱德和盛世才的头像。盛世才看到自己被排在最后一个很是恼火，认为共产党故意在群众中降低他的地位。

大会的成功使与会代表对在新共产党人有了极大的好感和更深刻的印象。而参加大会的90%的高层领导人都是中共党员。与会名单恰恰又是盛世才本人拟定的。盛世才认为自己是在替共产党创造机会，争取了群众。

"三全大会"之后，盛世才再也憋不住了，把所有怨气都撒在邓发身上，大有不共戴天之势。盛世才眼中的那些帮助新疆工作的"功臣"，转而成了矛盾和摩擦的制造者，不仅记过、扣薪，有的还被调离岗位，发配到边远地区去工作。毛泽民也因财政厅档案室无端起火（疑似人为纵火），烧了两间房子和全部卷宗，背上记大过一次，罚薪一月的处分。盛世才却欲盖弥彰地说，正因为案情发生在毛泽民请病假不负责任的时期，所以给他的处分比较轻。

盛世才曾几次约毛泽民谈话，发泄对邓发的怨气。毛泽民耐心地向盛世才解释说："我们的工作难免存在缺点。但方林同志是中共高层领导人之一，是工人出身的好同志，绝不会有个人野心。"对于毛泽民的解释，盛世才很不满意。盛世才一反常态的种种表现，给中共在新疆的统战工作敲响了警钟!

毛泽民用了一周时间完成了《关于新疆情形的报告》,向共产国际执委会详细报告新疆形势变化的真实状况,他希望由执委会出面,拿出具体办法,尽快打破中共驻新疆代表与盛世才之间的僵局。

这年9月中旬,中共中央副主席周恩来到莫斯科医治臂伤。毛泽民到克里姆林宫医院看望周恩来时,与他充分交换了意见。谈话后,毛泽民又给执委会总书记季米特洛夫写了一封信,再次重申了关于中共驻新疆代表易人问题的建议。

毛泽民在信中指出:"盛之为人,盛的缺点,以布尔塞维克眼光看,是很不好的。"但从反法西斯斗争的全局考虑,"今天是统一战线,他今天在苏联帮助下,还保存了新疆没有入帝国主义手中,今天还想与苏联和中共弄好,就应该尽一切可能去弄好","因此,为了顾全统一战线,为了保全苏联、国际与中共各方面之联系,为了中国抗战的国际援助等","党最好另外派人去新疆领导,才能避免盛那些不必要的误会。因此,我认为另外派人为最好"。

毛泽民的建议与共产国际的考虑是一致的。不久,周恩来与季米特洛夫共同签发了一封致中共中央的电报。中共中央从全局考虑,决定立即调回邓发,由不久前从苏联回国的中共一大代表陈潭秋(化名徐杰)接任中共驻新疆代表和新疆"八办"负责人。

在陈潭秋的带领下，中共在新人员坚持抗日统一战线的正确原则，在不断恶化的形势下，同军阀盛世才进行了更加灵活巧妙的斗争，全力维护抗战大后方的和平稳定及国际交通重要通道的安全畅通。

➔ 为建设新新疆大展宏图

★★★★★

（44—46岁）

1940年2月初，毛泽民回到新疆。他决心将在苏联学到的先进经验，首先在自己力所能及的工作区域内进行大胆的尝试，大力推进新疆的经济建设。

这时，正是新疆第二期三年建设计划（1940年至1942年）的第一年。对于新计划的付诸实施，作为建设计划委员会副委员长兼财政厅长的毛泽民，面临最大的难题就是建设资金严重不足。

毛泽民认真回忆着在苏联参观时的所见所闻。让苏联人民引为自豪的第聂伯水电站，不就是依靠全体苏联人民的力量建成的吗？他算了这样一笔账，全疆有400万人口，如果每人购买一元公债，就能募集到 400 万元可观的资金。这一大胆设想得到督办府的认可后，毛泽民即主持拟定了《民国三十年新疆省建设公债条例》，首次省建设公债发行定额为 500 万元。

发行建设公债在新疆历史上是第一次，不仅为了筹集资金，更重要的是促进各族人民关心新疆的地方建设。为此，毛泽民在《新疆日报》向各族人民发表致辞，阐述发行建设公债的重要意义。《新疆日报》专门发表了《为了建新，为了抗战，为了自己》的时事述评。毛泽民多次亲临迪化市民大会、工商界群众大会和新疆反帝总会召开的各级干事会并发表演讲。他要求各级干部用新疆建设的美好蓝图向群众做耐心细致的宣传解释工作，坚决反对强行摊派的做法。

由于发行建设公债是一件顺民心、得民意的好事情，再加上分布在全疆各地区、各部门的中共党人、进步人士的共同努力，整个发行建设公债的工作进展得十分顺利。从 1941 年 4 月正式发行，历经一年时间，实际售出 668.9 万元，相当于当年银行全部贷款余额的一半，占当年全省财政收入的 16%。

为了进一步加强金融运作，新疆商业银行也加大了发放贷款的力度，积极支持生产建设。在第二期三年计划期间，新疆商业银行投向农牧业、工业、商业、交通运输、市政建设等方面的贷款达 2400 多万元。

为了尽快发展农牧业生产，毛泽民提出了许多好建议，如开垦荒地、兴修水利和水库、建立农牧场、修建羊圈、培训兽医、储备冬草等等。商业银行积极配合，给予贷款支持，垦荒贷款、水利贷款以及棉花、芝麻、蚕桑等经济作物贷款，均实行优惠利率。为了将有限的贷款资金真正投放到最需要的农牧户手中，杜绝各级官员从中渔利，毛泽民采取了一系列相应的措施，让贷款农牧户切实能够得到好处。银行对农业贷款的到期回收工作抓得也很紧，减少了呆账和倒账，保证了来年有充裕的资金继续放贷。

以往，新疆的工业生产几乎一片空白，各种生产资料和日常生活用品都要从苏联进口或从关内贩运。介于新疆工业基础极为薄弱的现实，毛泽民力主工业贷款应更多地投放在发展轻工业、手工业和改善新疆的交通及通讯环境上。

当年，新疆地区就顺利建成了一批工厂。如，独山子炼油厂、阿勒泰金矿、迪化面粉厂、皮革厂、发电厂、锯木厂、汽车修理厂等；修通了迪化—伊犁、迪化—塔城、迪化—哈密、迪化—喀什，总长4160多公里的公路，添置了300多辆汽车，便利了省城迪化到主要地区的公路运输；开通了以迪化为中心，东至兰州，西至伊犁、塔城并直达中苏边界，南至库尔勒，总长数千公里的有线电报和长途电话业务。商业银行为工厂企业配套发放实业贷款，1939年为4.18万元，1941年猛增到45.08万元，其中运输贷款接近总数的4成；与群众生活密切相关的轻工、纺织、食品工业也迅速地发展起来，建起了灯泡厂、肥皂厂、火柴厂、烟草厂、造纸厂、印刷厂、棉纺厂、毛纺厂、针织厂、织毯工厂、食品厂、罐头厂、酿酒厂、啤酒厂、榨油厂等，初步改变了新疆全省的工业状况。

1941年1月，蒋介石发动皖南事变，进攻新四军，掀起第二次反共高潮。6月22日，德国法西斯进攻苏联，苏德战争爆发。盛世才错误地认为，国际国内形势已经大变，苏联和中共都靠不住了。7月30日，盛世才借口毛泽民身体不好，需要半休，将他调离了财政厅，改任民政厅代理厅长。

　　毛泽民上任代厅长后，注重调查研究，把全心全意为新疆各族人民服务作为民政厅一切工作的宗旨。他格外关注穷苦百姓的温饱冷暖，特别是鳏寡孤独和老弱病残。民政厅首先对全省现行救济机构进行了调整，由省政府确定编制、确定预算和拨款。1942年，全疆13所救济院收养鳏寡孤贫2287人。1943年，救济院增至17所，

△ 扩建的新疆省立医院（北门医院）旧址

收养人员达 3000 多，使各族孤寡盲残人免受乞丐流离之苦，有了基本温饱的生活着落。

毛泽民十分关心新疆医疗卫生事业的发展。经过调查研究，他对医疗机构收费不合理的现象进行整改。按照新的规定，只是在迪化医院收取少量的门诊挂号费和部分手术材料费；在阿山、哈密、库车等贫困地区，群众看病实行免费；全省 14 岁以下儿童一律免收挂号费，等等。到 1942 年底，新疆全省已经有 13 座医院，病床 800 多张，药房 4 所，诊疗所 16 家，医药专业学校 1 所，医疗和医务工作人员发展到 1000 多人，比 1940 年增加 33%。1942 年全省就诊人数达 126 万人次，比 1940 年增加 48%。全省用于医药的经费比 1940 年增加了 48%。莎车、焉耆两地的医院，奇台、鄯善、库车、温泉四个县的诊疗所，喀什、阿勒泰两个县的药房，都是在毛泽民的直接关怀和支持下建立起来的。

旧日的新疆，原有的区、村行政组织，被地主和地痞流氓所把持，他们欺压百姓，无恶不作。在农牧区普遍实行农官、乡约制。在蒙古、哈萨克族中还有千户长、百户长等旧制度，虽然名称各不相同，但本质都是一样的。

毛泽民在苏联期间，曾参观过地方苏维埃选举日的活动，还参观了莫斯科的一个选区，有幸与选举委员会主席进行座谈。他决定利用盛世才标榜"反帝、亲苏、民平（民族平等）、清廉、和平、建设"的"六大政策"，以及担任民政厅代厅长的有利位置，对区、村政权试行民主改革，让基层政权掌握在办事公道、能真正为贫苦农牧民服务的人手中。经过据理力争，盛世才终于同意了他的建议。

1941 年 11 月 1 日，毛泽民亲自主持修订并颁布了《新疆省区、村制组织章程》，在全疆推行民主政治改革，实行统一的行政制度，县以下实行区、村级行政体制，行政机构为区、村公所，区长、村长的产生实行普选制。《新疆日报》专门发表了社论，号召全省各族人民踊跃参加民主选举运动，选出最可信赖的人担任区、村长。毛泽民还在各地普遍培训干部，亲临训练班讲课。

在毛泽民的具体领导下，一个民主选举区、村长的热潮在天山南北蓬勃兴起。农牧民群众的眼睛最亮，谁个优，谁个劣，谁最能为农牧民办事，谁最会欺凌百姓，大家看得一清二楚。那些素孚众望、办事公正、肯为大众谋利益的人，被农牧民推上了区、村长的岗位。昔日欺压百姓的地主、巴依、流氓恶棍们一个个奄拉下脑袋。

在改革基层政权组织，民主选举区、村长的基础上，全疆各县都先后建立了政务委员会，使县级组织的权力置于政务委员会集体监督之下，在一定程度上制约了县级行政长官独断专行的弊端。经过一年的努力，到 1942 年年底，新疆全省已有 50 多个县实行了区、村制。毛泽民把陕甘宁边区民主政治的经验和社会主义苏联地方苏维埃民主选举的经验，成功地推行到军阀盛世才统治的新疆。

　　这里还要提及的是，与毛泽民风雨同舟 14 年的他的第二任妻子钱希均，在新疆与他分手。钱希均后来在回忆新疆一段生活时，不止一次说过："当时，我很想不通，苏联派来许多飞机，运来大量的物资支援中国的抗日，我们不去抗日前线，却在这里与军阀搞统战。"她对中央和毛泽民的许多做法不能理解，多次要求回延安，或者去抗日前线。党组织批准了钱希均的离婚请求。她于 1940 年 2 月回到延安。

　　1940 年 5 月，毛泽民与从延安来到迪化的青年女教师、共产党员朱旦华结成伴侣，并于 1941 年 2 月生下了他们的儿子毛远新。

血洒天山

→ 险象环生，与狼共舞

★★★★★
（45-46岁）

1939年9月，第二次世界大战爆发。年底，蒋介石掀起第一次反共高潮，令胡宗南部队向陕甘宁边区发动进攻，在迪化乃至全疆，反苏反共的空气日趋浓烈。

就在这时，在苏联学习、养病的毛泽民离开莫斯科回到迪化。临行前，在共产国际中国党校学习的杨至成等几位红军老战友都劝毛泽民经蒙古回延安，不要再返回危险丛生的新疆。毛泽民谢绝了同志们的好意。他深知自己的影响和肩上的责任，义无反顾地踏上了返回新疆的行程。

回到迪化后，毛泽民一方面立即展开建设新新疆的蓝图，造福各族人民，一方面也更加关注时局，关心中共在新人员的安危。他和陈潭秋送走了一批又一批自己的同志和党外民主人士，而他们自己却在险恶的环境中毫不畏惧地坚守着。

1941年6月，苏德战争爆发后，蒋介石加紧了

△ 1941年冬毛泽民在新疆

夺取新疆的进程，并采取软硬兼施的办法逼盛世才就范。他首先令胡宗南部接替马家军的防务，用武力威胁新疆，随后又三次召见盛世才驻重庆代表张元夫，提出谈判的条件。

而此时，世界反法西斯战争和中国的抗日战争都处在异常艰苦的阶段。盛世才更加快了反苏反共、投靠蒋介石的步伐。他在新疆炮制了一系列所谓"阴谋暴动案"的同时，加紧特务活动，将反共矛头首先指向毛泽民。

1942年2月，盛世才突然组织了一个由他的特务心腹李英奇为首的、有30多人参加的"审判委员会"，宣称要审判杜重远、陈培生"阴谋暴动案"，并复审"阿山案件"。盛世才别有用心地指定周彬（毛泽民）和赵实参加审判委员会。赵实即王宝乾，联共（布）党员，时任新疆日报社社长兼外交办事处处长，也是受盛世才邀请来新疆工作的。

所谓"杜重远阴谋暴动案"和"陈培生阴谋暴动案"，都是盛世才为排除异己，一手炮制的冤案、假案。"阿山案件"又名"布哈提事件"，即被盛世才重用的一名阿勒泰专员——逃亡新疆的"白俄"分子布哈提一伙，为配合法西斯进攻苏联，复辟沙皇制度，在北疆富蕴县，蓄意烧死7名苏联专家的恶性事件。

陈潭秋、毛泽民和王宝乾一开始就识破了盛世才的险恶用心。他是借审理这几个案件，妄图将中共人员卷入反苏活动之中。经过慎重研究后，他们请示了党中央，决定毛泽民在审判结束签字时附加下述意见："本席没有参加全部审判"，"对牵涉苏联公民一节，该犯所提供之口供与犯罪证据，其确实性如何，本席不能作任何结论，并认为仅据此不能证实苏联公民之犯罪行为"。

审讯连续进行了 10 个下午。布哈提等人对于仇恨苏联，为了反苏反共烧死苏联专家事，供认不讳，并经一一查证，落实了口供。而盛世才操纵的审判委员会，在公布宣判结论时却说："布哈提等 11 人，因受苏联副总领事的收买，而烧死苏联专家的。"

王宝乾拍案而起，代表外交署发言："这完全是混淆是非、颠倒黑白！"

毛泽民怒火冲天，拨通直线电话，当即质问盛世才："我问你两个问题：你到底是亲苏还是反苏？是你盛世才自己搞鬼，还是你下边的人捣鬼？"

盛世才哑口无言，急忙通知李英奇："当众宣布，总结无效！"

毛泽民和王宝乾一致坚持要在审讯结论上附注意见。狡猾的盛世才先是同意，后又决定不作总结，也不要附注意见，仅在最后的口供上签字。因为他知道，附注意见就等于推翻全部审讯。

会后，毛泽民和王宝乾又将自己准备附注的意见写成书面材料，递交给盛世才。盛世才恼羞成怒，指责毛泽民不忠实于政府，还责问他这样做究竟依仗什么人的势力，是不是自己的意思。盛世才的矛头明显是指向延安的。毛泽民针锋相对，毫不退让。

此时的盛世才，已经彻底剥去伪装，露出其"狼种猪"的本来面目。毛泽民和在新疆工作的中国共产党人正在与狼共舞，处在险象环生的境地！

→ 带给毛泽东的肺腑之声

★★★★★

（46岁）

新疆的政治形势已经危险到极点，中共领导层要制止盛世才反苏反共又"为我们力所不及"。1942年5月8日，中共中央书记处致电陈潭秋："仁兄（指盛世才）可能发生某种动摇"，"对我们工作同志既不信任，又表示恐惧，我们想在此时撤回一部分同志，以示我们对新疆只是帮助，毫无其他野心。此事已电远方（指苏联及共产国际）商量"，"如彼方同意，再电你执行"。

6月8日，陈潭秋向中共中央报告：新疆情况日急。我在新人员，应做好应变准备。

6月20日，陈潭秋在致延安的电报中，从心底喊出重话："我们不是傻瓜，在不能合作的条件下就应当不合作，我们不是绵羊不能让人无辜宰割！"

6月27日，中共中央书记处回电，对陈潭秋的激忿情绪进行了批评。

陈潭秋又致电中央，告知在新人员不断被盛世才调动、撤职的情况，并提出为抗议盛世才的迫害，我在迪化之工作人员，拟全部自动辞职。

7月2日，毛泽民愤然辞去新疆省政府民政厅代厅长的职务。此时的盛世才，对待毛泽民再也没有以往的热情，毫无挽留之意。他还将中共在其政府中工作的重要负责人统统撤职，把其眷属送回八路军驻新疆办事处。

△ 1942年，毛泽民与夫人朱旦华、儿子毛远新合影

7月5日，中央书记处致电陈潭秋："督办来电已到，他诬陷苏联及我们同志阴谋暴动"，"因由兰州西安回来无保障，我们正向远方交涉，向苏联撤退，你们可待命行动"。

7月15日，在莫斯科发往延安的电报中，共产国际领导人仍电告："目前中国共产党人必须留在新疆。"

根据党中央的指示，我党在新疆工作的干部陆续集中迪化，在"八办"进行整风学习。等待中央和远方的决定，做好撤离准备。

事态的发展不容乐观，陈潭秋估计到，在新人员顺利撤走和被捕入狱的可能性同时存在，因此必须做最坏的准备。他决定在整风学习的同时，对全体同志进行气节教育。他面色严肃地告诉同志们："根据目前掌握的情况，盛世才已经投靠了蒋介石，他要把我们作为重大礼品献给蒋介石。因此，我们随时都有被捕的可能。"他用锐利的目光扫视着会场，眼神中充满了坚毅："我们处在新疆这个特殊环境，民族不同，语言不通，长相不一样，无法隐蔽。包围着我们的除了敌人，还有天山和戈壁，可以说，我们插翅难飞，即使跑出迪化，也跑不出新疆! 我们只有争取无罪释放，集体回延安，每个同志都必须有足够的思想准备!"

面对坐牢和杀头的危险，毛泽民表现得异常冷静。早在走出韶山冲参加革命的那一天，他就做好了随时为革命献身的准备。参加革命20多年，他曾多次面临生死考验，但都化险为夷。面对这一次难以逃脱的危险，他下定决心战斗到最后一刻。毛泽民视死如归的英雄气概，深深影响着周围的同志们。

这时正是夏季，白天骄阳似火，夜晚却飘洒着阵阵凉意。毛泽民经常和同志们一起在院子里纳凉、谈心。一天傍晚，他和方志纯在院子里散步。突然，一颗流星在浩瀚的星空闪过，划出一道耀眼的光芒。

方志纯感叹地说:"天上一颗星,地下一个丁,流星飞过,又有一个人走了!"

毛泽民若有所思地说,"如果一颗星真的就是一个人的话,我倒真愿意是这个黑暗社会里的一颗星,虽然,它在瞬间陨落了,却总能为党和人民大众贡献一点光亮。"

毛泽民和方志纯又谈起自己的家乡,谈起在中央苏区,在延安的战斗生活以及在莫斯科的美好时光。最让毛泽民难忘的是离开延安那天,他去凤凰山与大哥毛泽东告别,大哥的谆谆嘱咐仍然回响在他的耳边:一定要向沿途的同志们作深入的宣传,党在抗日民族统一战线中必须坚持独立自主的原则,这是我们党用鲜血换来的教训啊!

停了一会儿,毛泽民又郑重地对方志纯说:"盛世才是不会放过我的。如果你有机会回延安,请转告泽东同志:我毛泽民无愧于一名中国共产党党员,无愧于毛泽东的弟弟,也无愧于毛泽覃的哥哥!"这是毛泽民带给毛泽东的发自肺腑的心声!

"远方"迟迟不作答复。而此时,盛世才与蒋介石的秘密勾结却紧锣密鼓地进行着。

7月,蒋介石先后派第八战区司令长官朱绍良等国民党要员来到新疆与盛世才谈判,达成了为严防苏联在各地鼓动事件,抽调军队来新疆加强防务,在新疆成立国民党党部等多项条款。为了拉拢盛世才,蒋介石先后加封他为国民党中央委员、新疆省党部主任委员、第八战区副司令长官、新疆边防督办、新疆省政府主席等 8 个要职。

直到 8 月中旬,"远方"才终于复电,斯大林同意中共在新人员转入苏联。

然而,已经太晚了!

盛世才终于背弃了以往鼓吹的"六大政策"，在新疆树起了反苏反共的大旗。

→ 铁骨铮铮，视死如归

★★★★★

（47岁）

1942年9月17日，就在蒋介石向盛世才颁发新疆省政府主席委任状的第二天，盛世才便开始向中共在新人员下毒手了。反动军警突然包围了八户梁招待所（新疆"八办"所在地），指名将陈潭秋、毛泽民等"请"到督办公署去"谈话"。陈潭秋和毛泽民知道此去凶多吉少，他们向留下的同志简单地交代了工作，鼓励大家一定要团结对敌，要保持共产党员的气节，然后，与同志们一一握别。

这天被"请"走的还有陈潭秋的妻子王韵雪、毛泽民的妻子朱旦华以及她们的孩子。其他三位主要干部：教育厅长孟一鸣（徐梦秋）、哈密行政长刘西屏（刘希平）、和田警备司令潘柏南（潘同）及其家属也一起被"请"走。盛世才把他们软禁在迪化满城邱公馆内。

在遭到软禁后的第二天，陈潭秋便向盛世才递交抗议书，抗议新疆政府对我党在新人员的无理迫害。随后，他又写信进行抗议。

毛泽民非常气愤，严正提出要与盛世才通电话。毛泽民拿起话筒，义正辞严地痛斥道："督办先生，我们都是被你邀请来新疆工作的，我们是抗日战士，你凭什么抓我们？你破坏抗日统一战线，蓄意制造反革命事件，人民是不会答应的！你必须无条件释放我们！"

投入蒋介石怀抱的盛世才，再也不把共产党人的话听在耳朵里。他当即切断电话线，邱公馆与外面的一切联系被中断了……

1943年1月14日，中央书记处书记任弼时急电正在重庆进行统战工作的周恩来副主席："迪化潭秋处，自去年8月后即断了电讯关系。昨日远方来电称他们均已被捕，除那边设法营救外，并要我们也想办法营救。请设法打听他们的消息并考虑有无营救的方法。"

2月10日，中央书记处再次电示周恩来和林彪，要求重庆方面电示迪化，释放徐杰等140余名中共在新人员，并准许他们经兰州、西安回延安。

盛世才已经不可能放人了，更不会放过陈潭秋、毛泽民等中共在新疆的主要领导人。早在三天前，即2月7日深夜，陈潭秋和毛泽民等人已经被盛世才秘密投入第二监狱。这竟是他们与妻儿的永别！

3月10日，蒋介石以重庆军事委员会军法执行总监部的名义，派出由"C.C"高级特务、国民党中央政治学校训育主任王德溥，中统高级特务、中统局处长季源溥和江苏高级法院院长朱树声组成的"三人审判团"，以及中统特务骨干、重庆地方法院检察官郑大纶等人到达新疆。临行前，蒋介石亲自召见王、季、朱三人，明令："对于共党重要人员应判极刑。对于其他重要人员也应严惩"，"务必肃清共党在新疆的力量"。

"三人审判团"抵达迪化后，经过一个月的密谋策划，终于开庭。由中统局处长季源溥亲自主审毛泽民。敌人编织罗列了一系列"罪行"，企图迫使毛泽民承认中共在新人员有"秘密活动"，要搞"阴谋暴动"，反对苏联，并直接逼迫他脱离共产党。毛泽民毫不畏惧，慷慨陈词，驳得敌人哑口无言。特务头子们精心准备的第一次开庭不得不草草收场。

　　然而，敌人的第一轮审讯刚刚过去，我们的队伍里就出现了三个可耻叛徒。首先叛变的是刘希平。未经任何刑讯，他就昧着良心承认了盛世才捏造的"阴谋暴动"，写出脱党声明。随后，潘同也叛变了，主动写了脱党书。最后是徐梦秋，面对敌人的审问和电刑，他痛哭流涕地写了笔供和脱党书。盛世才的特务们如获至宝。

　　敌人对毛泽民的软硬兼施一无所获，便让叛徒潘同和刘希平出来劝降。两人躲在刑讯室一角的幕布后，为所谓"四·一二阴谋暴动案"作伪证。毛泽民怒不可遏，厉声喝斥："住口！党的叛徒、民族的败类！给我滚出来！别躲在后面学人说话。告诉你们，盛世才可以出钱收买你们的灵魂，但买不了铁的事实！买不了一个共产党员的革命气节！"

　　特务们已知道周彬是毛泽民的化名，他就是中共领袖毛泽东的亲弟弟。他们威胁毛泽民脱离中国共产党，妄图向毛泽东施加影响。毛泽民轻蔑地看着敌人，高高仰起不屈的头颅。他斩钉截铁地说："我们一家人，为了祖国，为了人民，为了革命，已牺牲了嫂嫂、弟弟和妹妹，你们逼我脱党是在做梦！"

在审讯过程中，毛泽民始终大义凛然，有理有力有节地回击敌人，不给敌人任何可乘之机。敌人精心设计的一次又一次审讯，都以失败而告终。于是，蒋、盛匪徒兽性大发，对毛泽民施加各种酷刑。

敌人首先施用的刑罚是"打手板"。刽子手用尽全身气力用刑具拼命挤压毛泽民的手掌，直压得毛泽民手掌绽裂，鲜血喷流，手上的裂伤30多天都不能愈合。据说，特务头子李英奇对自己创造的这个刑法非常得意，还专门招募了一个野兽一般的刽子手。他企图用"打手板"一次撬开毛泽民的嘴，结果枉费心机。

接下来，毛泽民被押送到行刑室。这里安装着各种残酷刑具。敌人把毛泽民的两臂绑在悬空的铁杠上，把他吊起来，然后用鞭子用力抽打他的双腿。敌人把这种刑罚叫作"坐飞机"。毛泽民被打得遍体鳞伤。特务还用氨水熏他的鼻子，强烈的刺激，剧烈的头痛，他的双眼被熏得又红又肿，闭都闭不上了……七天七夜的残酷折磨，毛泽民几次昏死过去，却始终不向敌人低头。他坚定地说："哪怕我疼得把下唇咬烂，把衣领咬断，肉虽疼，而心在想，我对敌人的仇恨有多大！"

6月5日，蒋、盛合谋，以所谓"危害民国罪"判处陈潭秋、毛泽民、林基路死刑。

9月27日那个漆黑的夜晚。李英奇手持印有"盛世才"大红印章的杀人手谕，杀气腾腾地来到秘密关押陈潭秋、毛泽民、林基路等人的迪化小南门外天主教堂。几个刽子手手执棍棒和绳索，凶神恶煞般地守在号子门口。当三位共产党人大义凛然地走出囚牢时，一群丧心病狂的魔鬼蜂拥而上，用绳索套住他们的脖子，把人活活地勒死后，扔上一辆盖着帆布的卡车，拉到迪化郊外六道湾坟场，草草地埋葬了。

→ 当迟滞的噩耗传到延安

★★★★★

　　毛泽民和陈潭秋、林基路遇害的消息，隔了很久才传到延安。

　　那是一个布满阴霾的黄昏，毛泽东手里攥着刚刚收到的电报，走出窑洞，来到枣园近旁的林子里。他心情沉重地在林子里来来回回地走着，只有脚下飘零的落叶发出沙沙的响声。1937 年底，泽民离开延安时，他们兄弟曾在凤凰山的窑洞外散步。他们相约，等革命胜利了，要一起回韶山看望家乡的父老乡亲。而革命尚未成功，泽民却走了，毛泽东已经失去杨开慧、毛泽民、毛泽覃、毛泽建等四位亲人……

　　应该说，自 1921 年成立，又历经了十几年血雨腥风考验的中国共产党，已经走向成熟。特别是在抗日战争中，中国共产党坚定地提出在抗日民族统一战线中必须坚持独立自主的原则。在我党与盛世才结成统一战线之初，对盛世才的军阀本质就有比较深刻的了解和清醒的认识。在大革命后期，中国共产党已经经历了国共统一战线破裂的惨痛教训，为何又让被"同盟者"出卖的悲剧再次重演呢？

诚然，中国共产党自 1921 年成立，到 1922 年，只有区区 200 人左右，还需要在共产国际的资助下才能正常开展工作。于是，她正式加入到世界共产党组织中，成为共产国际下面的一个支部。既然是共产国际下属的一个组织，它的重要方针政策自然也大都是由莫斯科分管中国事务的俄国人来制定的。尽管我们的党在毛泽东领导下已经日益成熟起来，经常违拗"上级"的意志，但作为下级支部，中共中央仍旧无法摆脱其权威和复杂的关系。中共在新工作人员最后在新疆遭遇的命运，就是一例。

革命导师马克思曾经说过："如果我们选择了最能为人类福利而劳动的职业，那么重担就不能把我们压倒，因为这是为大家而献身；那时，我们所感到的就不是可怜的、有限的、自私的乐趣。我们的幸福将属于千百万人，我们的事业将默默地、但是永恒发挥作用地存在下去。而面对我们的骨灰，高尚的人们将洒下热泪。"

1959 年 6 月 25 日，离别家乡 32 年的毛泽东又回到韶山冲。

回乡的第二天早晨，他就踏着满是露水的小路，来到楠竹沱他父母的坟前，献上一束青翠的松枝，深深鞠了三个躬，然后，虔诚地说了一句话："前人辛苦，后人享福。"

　　毛泽东又沿着满池荷叶的塘基，走进上屋场旧居。厨房里的火塘上仍旧挂着那把瓦壶，甚至还能闻到淡淡的柴烟味。1921年初，他们全家最后那次团聚就是围坐在火塘边，在他的劝说和引导下，弟弟、妹妹都走向了革命。

　　毛泽东走进自己的卧室，看到他与两个弟弟同母亲的合影，激动万分，他惊讶地问起这张照片是从哪里找来的。凝视着母亲的面容，他的眼中噙着泪水。

　　毛泽东又缓步走进弟弟泽民的房间，仔细环视着当年的陈设。他久久端详着镜框里戴着八角帽的毛泽民，心情难平地对身旁的人说："这是我的大弟毛泽民，这张照片很像他。"

　　对于大弟弟毛泽民，毛泽东有一件始终念念不忘的事情。他曾经对毛泽民的儿子毛远新说："我到长沙去读书，是你父亲送我去的，他穿的是短褂，帮我挑着行李，外人看来，就像是我花钱雇的一个挑夫。他定期到长沙来，为我送米送钱。有一次，他送钱来晚了几天，我很不高兴，就责怪了他，他也不吭声。临回韶山前，他才告诉我，今年收成不好，为了把谷子卖个好价钱，他跑了好几百里路喔。他走后，我惭愧了好多天。没有泽民，我哪里能到长沙来读书啊。"

　　……

　　32年的风烟岁月，32年的故园情思，32年的家乡巨变，让毛泽东思绪联翩，夜不能寐。当初，他离开家的时候，怀着"改造中国与世界"的宏伟抱负，寻求救国救民的真理。后来，他把自己的亲人一个个带进了铁血疆场。经过几十年的艰苦奋斗，他的亲人，他的同志，许多都先后为真理而献身……当晨曦再次照亮东方的时候，毛泽东用诗人的大悲大喜吟成一首《七律·到韶山》：

> 别梦依稀咒逝川，故园三十二年前。
>
> 红旗卷起农奴戟，黑手高悬霸主鞭。
>
> 为有牺牲多壮志，敢叫日月换新天。
>
> 喜看稻菽千重浪，遍地英雄下夕烟。

△ 伫立在韶山烈士陵园的毛泽民铜像

后　记

毛泽东的兄弟、战友

　　毛泽民烈士是中华人民共和国的伟大缔造者毛泽东主席的亲弟弟。自从 1921 年跟随毛泽东走出韶山冲，他便义无反顾地投身到为无产阶级和劳苦大众翻身求解放的伟大事业中。在毛泽东的指引下，毛泽民改变了人生轨迹：从一个山村里的农夫，成长为红色共和国经济和金融工作的重要开拓者和领导者、我党红色出版事业的先驱。然而，长期以来，在毛泽东巨大的光环下，人们对于毛泽民对中国革命做出的巨大贡献很少知晓。而在毛泽民 47 年的短暂人生中，特别是在 22 年的革命征途中，他总是默默无闻地为毛泽东领导的惊天伟业支撑起后方的一片天。

　　毛泽民的革命经历丰富且传奇。有关他的历史资料分散在他从事革命工作的各个角落，党史部门很难进行专门的集中性的搜集、整理和研究。在以往有关毛泽民的党史资料和党史人物传记中，对他的表述比较单薄零散，还有一些不准确甚至错误的地方。

　　毛泽民的女儿毛远志 1922 年 5 月出生在长沙。早在她出生前，她的父亲毛泽民就跟随毛泽东参加革命，到处奔波，在她脑海中只留下父亲依稀的印象。远志 16 岁时，被父亲召唤到延安参加革命，父亲自己却已经去了新疆。在 8 年的漫长岁月里，她日日想，夜夜盼，最后等来的却是父亲牺牲的噩耗。她思念父亲，她的心一直浸在泪水之中。

上世纪 80 年代初毛远志离休后，便开始了艰辛漫长的寻踪之旅。她带领一家两代人，沿着毛泽民的足迹，从老家韶山，去他从事革命工作的长沙、安源、广州、上海、武汉、天津、闽西、瑞金、遵义、陕甘宁、新疆……经过 20 多年的寻踪、搜集和考证，逐步梳理出毛泽民革命之路的奋斗历程。2004 年以后，毛泽民的后人又几次去莫斯科，从俄罗斯国家社会——政治史档案馆找回近十万字的毛泽民的档案资料。这一切，为毛泽民革命经历的研究提供了准确的依据。

正是基于这些翔实丰富的历史资料，我们两人合著了《寻踪毛泽民》一书，2007 年 1 月由中央文献出版社正式出版发行。

在隆重纪念建党 90 周年的日子里，吉林文史出版社拟推出《100 位为新中国成立作出突出贡献的英雄模范人物》系列丛书，我们围绕"长期执掌财政大权，一尘不染"这一主题，将毛泽民的革命人生事迹进行了归纳精选，把一个真实的毛泽民展现在广大读者面前，以追思英模，传承精神，激励后人。

作者：曹宏　周燕